그림책으로 세계 평화를 꿈꾸는

_____ 님에게 드립니다.

다시,
그림책테라피가
뮈길래

Picturebooks: The prescriptions for the Mental-What is picturebook therapy?
Copyright ⓒ 2021 by Tatsunobu Okada
Korean edtion Copyright ⓒ 2024 by Tatsunobu Okada, 김보나
All rights reserved.
This Korean edition was published by FlyingStar Books co. in 2024
by arrangement with Tatsunobu Okada.

이 책은 저작권자와의 독점 계약으로 나는별에서 출간되었습니다.
오카다 다쓰노부의 위 저작물 일부와 한국어판을 위해 새로 쓴 글을 포함하고 있습니다.
저작권법에 의해 한국 내에서 보호를 받는 저작물이므로 무단 전재와 무단 복제를 금지합니다.
이 책의 전부 또는 일부를 이용하려면 반드시 저작권자와 나는별 출판사의
서면 동의를 받아야 합니다.

다시,
그림책테라피가
뭐길래

오카다 다쓰노부 · 김보나 지음
김보나 옮김

나는별

다시,
한국의 독자들에게

이 책을 선택해 주셔서 감사합니다. 한국에서 나온 『그림책테라피가 뭐길래』는 일본에서 2011년에 나온 저의 첫 책이 바탕이 되었습니다. 그 책을 낸 후 새롭게 알게 된 것이나 소개하고 싶은 사례들이 해마다 늘어난 덕분에, 일본에서는 2021년에 대부분을 새로 써 펴냈습니다. 이번에 한국에서도 마찬가지로 완전히 새로운 책을 내게 되어서 기쁩니다.

이 책에서는 그림책에 전혀 관심이 없던 제가 그림책테라피에 도달하기까지 겪은 체험을 바탕으로 어른에게도 적용할 수 있는 그림책 활용 방법을 알려드리고자 합니다. 그림책에는 문학·예술·시대의 기록·교육 등 다양한 측면이 있지만, 그 가운데서도 제가 가장 주목하는 것은 '의사소통 도구로서의 그림책'이라는 측면입니다. 본격적으로 이야기를 시작하기 전에 그림책이 뛰어난 의사소통의 도구라고 생각하는 근거를 두 가지 이야기해 보겠습니다.

1. 어느 누구하고도 공유할 수 있다
여러분은 혹시 어렸을 때 읽은 그림책의 작가와 국적을 기억하나요? 아마 기억은커녕 거의 의식한 적이 없을 거예요. 예를 들어 한국에서도 인기 있는 『프레드릭』은 네덜란드 작가의 그림책이고, 10개가 넘는 언어로 번역되어 전 세계에서 사랑받고 있습니다. 나이·성별·세계관·역할·언어·문화가 많이 달라도 (그리고 아무런 배경지식이 없어도) 서로 공유할 수 있는 것이 그림책입니다. 아직 말을 못 하는 아이가 다른 나라 아이들과 놀면서 자연스럽게 친구가 될 수 있다는 사실을 떠올려 보세요. 금세 이해가 가지요? 어른에게는 그림책이 이와 같은 자리와 공간을 만들어 준다면, 그 역할이 소중하다고 말할 수 있겠지요?

2. 단순 명료해서 자유롭게 상상할 수 있다

그림책은 대부분 글과 그림(이미지)으로 구성되어 있습니다. 그림으로 표현할 수 없는 부분은 글이 보완해 줍니다. 하지만 어린이도 이해할 수 있을 만큼 글이 간결하고, 세세한 배경 설명이나 심리 묘사는 거의 없습니다. 말하자면 보거나 듣는 사람이 자유롭게 해석하고 상상할 수 있는 여백이 많다는 뜻이지요. 그래서 같은 그림책을 읽어도 각자가 받아들이는 방법이나 해석은 많이 다릅니다. 이 책을 읽다 보면, 그 정도까지 받아들이는 방법이 각자 다르냐고 놀랄 겁니다. 하지만 모두 달라서, 그래서 재미있는 겁니다.

그림책이 지닌 이 두 가지 특징을 살릴 수 있는 것이 이 책에서 전하고자 하는 그림책테라피라는 방법입니다. 모두가 각자 동등한 입장에서 그림책을 공유하고 느낀 점을 자유롭게 표현할 수 있다면, 여러 가지 다양한 '차이'가 나타나지요. 그림책에서 느끼고 받아들인 것에는 정답이 있을 수 없기 때문에 자신과는 전혀 다른 해석에도 "아, 그렇군요!" 하며 받아들일 수 있습니다. 평소에 서로 다른 생각을 재미있게 받아들일 수 있는 자리가 얼마나 있을까요? 상대방이 자신의 생각을 받아들여 주면 기쁘고, 호감이 생기겠지요? 또 서로의 차이를 인정하면, 인간관계는 좋아질 수밖에 없을 테고요.

   제가 만든 그림책테라피라는 방법이 좀 더 많은 사람에게 공감을 얻으면, 세상과 삶이 그만큼 더 좋아지고 윤택해질 것이라고 믿습니다. 점점 더 모두가 큰 단절과 불안을 안고 사는 세상입니다. 그림책으로나마 서로의 생각과 감정을 공유하고 안심할 수 있는 장을 만들어 가는 사람들이 점점 늘어나기를 진심으로 바랍니다.

도쿄에서
오카다 다쓰노부

들어가는 말

말하자면
긴 이야기

저는 늘 어른들과 그림책을 보고, 함께 읽고 있습니다. 그래서 어른들로부터 그림책에 얽힌 다양한 에피소드를 들을 기회가 많습니다. 이 체험담도 그 가운데 하나입니다.

5년 전, 저는 치료가 어려운 병을 앓던 중이었습니다. 사는 것에 절망해 신변 정리 차원에서 대청소를 하는데, 난데없이 그림책 한 권이 튀어나왔습니다. 무심코 읽기 시작한 제 눈에서는 어느새 눈물이 뚝뚝 떨어졌고, 그 눈물과 함께 그동안 몰랐던 중요한 사실을 깨달았습니다. 어린아이였을 때 몇 번이나 거듭해서 읽은 그림책이었는데, 그때는 전혀 다르게 느껴졌습니다. '나도 이 그림책의 주인공처럼 웃으며 살고 싶다.'고 생각했습니다. 앞을 향해 밝게 다시 살아보자고 결심한 것입니다.

그 덕분에 저는 험난한 질병 치료의 과정을 극복하고, 지금은 건강하게 그림책 읽어 주는 활동을 하고 있습니다. 어린이를 위해 쓰인 그 그림책이 제 인생을 크게 바꿔 주었습니다.

제 주변에는 어른이 된 뒤 그림책을 만남으로써 인생이 바뀌었다는 사람이 여럿 있습니다. 어른들이 그림책을 읽으면 왜 이런 일이 일어날까요? 저는 지금 '어른을 위한 그림책테라피'를 세상에 알리고 있습니다. '그림책테라피'는, 그 이름에 오해의 여지가 있지만, 단순히 '어른이 그림책을 읽으면 치유가 된다.'는 의미만 담겨 있지는 않습니다. 또한 '누군가에게 그림책을 읽어 주고 치유해 준다.'는 것만도 아닙니다. 오히려 저는 그림책으로 누군가를 치유해 주자, 무언가를 깨닫게 하자, 감동시키자는 생각에는 그다지 찬성하지 않습니다.

저는 회사에 다니던 건축 기술자였고, 그림책은 어린아이들이나 읽는 것이라고 생각했습니다. 그런데 왜 지금은 건축 일과는 전혀 관계없는 그림책 읽기 활동을 하고 있는지 저도 가끔은 신기합니다.

이 책은 그림책과 전혀 인연이 없던 제가 '그림책테라피'라는 생각에 도달하기까지의 '말하자면 긴 이야기'입니다. 이 책을 읽는 당신이 '나 스스로를 위해 그림책을 읽어 보고 싶다.'고 생각한다면, 이보다 더 기쁜 일은 없을 겁니다.

차례

다시, 한국의 독자들에게
들어가는 말: 말하자면 긴 이야기

제1장 그림책에 눈뜨다 15
    그림책에 눈뜨기 전
    그림책을 다시 보다
    그림책에서 메시지를 읽어 내다

제2장 그림책의 수수께끼가 깊어지다 23
    강도에 공감하다
    모두의 해석이 같지는 않다
    토끼와 거북이 이야기

제3장 그림책에서 무엇을 보았을까? 37
    어른들의 열띤 그림책 토론
    그림책에서 무엇을 보았을까?
    왜 그림책일까?
    '한 번 더!'의 수수께끼
    그림책테라피가 시작되다

제4장 그림책테라피를 실천해 보자 61
    워크숍을 시작하며
    워크숍 1: 좋아하는 것
    워크숍 2: 말
    워크숍 3: 친구
    워크숍 4: 돌아보기
    워크숍을 마치며

제5장 그림책테라피스트가 처방하는 마음의 약상자 75
    지금, 여기: 현재를 살아가기
    일과 가치: 나를 실현하기
    차이와 다양성: 다름을 인정하기
    생각의 전환: 바꾸어 생각하기
    연대와 공존: 더불어 살아가기
    가까운 행복: 행복을 찾아가기

나가는 말: 새로운 시대로

감사의 말
작가 인터뷰
그림책 목록

제1장
그림책에
눈뜨다

그림책에
눈뜨기 전

제가 어렸을 때, 누군가 제게 그림책을 읽어 준 기억이 없습니다. 철이 들었을 때는 스스로 동화책 등을 읽었습니다. 부모님이 독서를 좋아하셨기 때문에 책은 스스로 읽는 것이 당연하다고 생각했습니다. 초등학교 때는 학급문고나 도서실 등에서 책을 찾아 읽었습니다. 직접 읽은 그림책은 기억에 없고 '추억의 그림책'으로 꼽을 만한 것도 없습니다. 중고등학교 시절에도 아동 문학은 좋아해서 계속 읽었습니다. 대학은 공대 건축계였지만, 교육학부 수업에 몰래 들어가 아동 문학 강의를 들었습니다. 강의가 매번 즐겁고 신나서 열심히 노트에 적었기 때문에, 중간고사나 기말고사 즈음이면 교육학부에서는 제 노트 복사본이 나돌기도 했답니다.

주택 건축 기술자로 사회생활을 시작하면서부터 아동 문학과도 멀어졌습니다. 처음 2년은 건축 현장에서 헬멧을 쓰고 발판에 올라 시커멓게 그을린 채 현장 감독으로, 3년차부터는 매주 여러 가족의 꿈을 듣고 설계 도면을 그리는 설계 담당으로 나날을 보냈습니다.

그림책을
다시 보다

결혼해서 아이가 태어났지만, 일은 매우 바빴고 고객과의 미팅이 대부분 주말에 잡히는 바람에 평일에 쉴 수밖에 없었습니다. 아이와 놀 시간도 쉽게 낼 수 없는 상황이었지만, 아기 장난감 등을 알아보고 사고 하는 사이에 그림책에도 눈이 갔습니다.

어느 날, 동네 서점에 갔는데, 작은 책 한 권이 눈에 들어왔습니다. 별생각 없이 집어 든 책은 『원숭이 루루루』(고미 타로 글·그림)라는 그림책이었습니다. 일본 특유의 말놀이 요소가 강하기 때문인지 한국에서는 출판되지 않았습니다. 색깔은 연한 황토색 배경뿐이고, 각각의 그림마다 문장은 모두 네 글자였습니다. 일본어로는 주어 두 글자와 동사 두 글자가 반복되었는데, 본문은 모두 쉰여섯 글자뿐이었습니다. (우리말로 옮기면, 원숭이 뛰다, 원숭이 자다, 원숭이 먹다, 원숭이 숨다 등등 – 옮긴이주) 그럼에도 불구하고 그림과 글이 어우러져 이야기는 잘 진행되었습니다. 아이들이 그림을 보면 이야기를 이해할 수 있도록 만들어졌는데, 어른인 제가 오히려 그 디자인과 구성에 묘하게 빨려 들어갔습니다.

"이런 그림책도 있구나. 참, 멋지네!"

『원숭이 루루루』는 그림책에 대해 제가 지녔던 이미지를 깨뜨

렸고, 그날 처음으로 제 자신을 위해 그림책을 샀습니다. 조금이나마 그림책의 재미를 즐기게 된 저는 '그림책을 읽어 주는 것이 아이의 교육에 좋다.'는 이야기를 듣고 (부모의 욕심으로) 제 스스로 시도해 보기로 마음먹었지요. 우선 '그림책 읽어 주기 연구'를 시작했습니다. 바로 읽어 주기를 시작하지 않고 연구부터 하는 것! 이것이 바로 이공계 출신다운 접근 방식이었음을 깨닫자, 스스로도 웃음이 났습니다.

그림책 읽어 주는 방법을 알아보고 맨 먼저 한 일은 책 안내서를 구입한 것입니다. 처음 산 참고도서는 350쪽이나 되는 『그림책·어린이책 총 해설』(아카기 간코 지음, 절판)이라는 책으로 제목이 딱딱해 보였습니다. 그러나 제목과는 달리 글은 쉬우면서도 매력적이었고, 책 소개는 어린이의 눈높이와 어른의 눈높이가 모두 느껴져 공감이 되었습니다. 거기에 소개된 그림책들을 다 읽어 보고 싶었습니다. 그래서 안내서에 따라 고른 책을 차례차례 아이에게 읽어 주면서 저도 그림책을 많이 즐겼습니다. 그러다 보니 책 안내서에 실린 책들을 모두 내 책장에 꽂고 싶었습니다. 아이에게 읽어 주기 위해서라는 명분 아래 그림책을 사 모으기 시작했습니다.

얼마 후, 집 컴퓨터에 인터넷이 연결되면서 그림책의 또 다른 세계가 펼쳐졌습니다. 당시 인터넷에는 '게시판'이라고 불리는 SNS의 원형 같은 것이 많이 있었습니다. 그중 한 게시판에는 옛날에 읽었던 그림책을 찾는 사람들이 모여 있었고, 어린 시절의 기억을 단서로 한 '그림책 수색 요청' 글들이 있었습니다. 제목을 잊어버린 그림책을 다시 만나고 싶은 사람들이 인상 깊었던 그림이나 색깔, 단편적인 이야기의 기억 등을 그 책에 얽힌 추억과 함께 게시판에 올리고 있었습니다.

그런 게시물을 매일 확인하면서 '그림책이 어린이의 마음속에 남는 데에는 일정한 경향 같은 게 있지 않을까?'라는 생각이 들었습니다. 제목이나 이야기보다는 책의 촉감이나 색깔 등 감각적인 것과 주인공이 먹은 음식처럼 아이의 오감을 자극하거나 생활 체험과 겹치는 부분이 마음속에 남는다는 것을 느꼈습니다. 누군가 열심히 찾고 있는 그림책을 저도 찾아 읽어 보고 싶었습니다. 갖고 싶은 그림책 숫자가 점점 더 늘어났고, 모으는 그림책의 범위도 넓어졌습니다.

이렇게 저는 아이에게 그림책을 읽어 주기 위한 연구로 시작해 그림책에 눈을 떴고, 인터넷이라는 도구를 손에 넣자 마니아다운 수집가의 길로 들어섰습니다.

그림책에서
메시지를 읽어 내다

수집가 시절 제가 그림책을 읽은 방식은 아이에게 읽어 주고 '재미있네!'로 끝이었습니다. 읽은 그림책을 그대로 책장에 꽂고는 "자, 다음 책은?" 하는 방식이었지요. 아이가 "또 읽어 줘."라고 해도, 아직 읽지 않은 책이 많아서 저는 차례차례 다른 책을 읽어 주었습니다. 언제부턴가 아이는 '또'라고 말하지 않았습니다. 지금 생각하면 정말 미안한 마음이 듭니다.

그 무렵 인터넷으로 알게 된 작가 한 분이 그림책 한 권을 보내주셨습니다. 감사 편지를 쓰기 위해 그 그림책을 여러 번 반복해서 읽었습니다. 태어나서 처음으로 같은 그림책을 열 번 이상 읽었습니다.

그것은 『헨리에타의 첫 겨울』(롭 루이스 글·그림, 정해왕 옮김, 비룡소)이라는 그림책이었습니다. 작은 쥐 '헨리에타'가 홀로 첫 겨울을 맞이하기 위해 먹을거리를 열심히 채워 넣지만, 몇 번이나 생각지도 못한 일로 식량을 잃고 지친 채 잠이 듭니다. 그런데 마지막 페이지에서 모든 것이 한꺼번에 해결됩니다. 처음에는 이 이야기의 결말에 별로 공감하지 못했는데, 반복해서 읽다 보니 어느 순간 이해가 되었습니다. 마치 하늘에서 메시지가 내려온 것 같은 느낌으로 '그림책이란 얼마나 깊은가!' 하고 마음속 깊이 느낀 순간이었습니다.

그즈음 저는 아이에게 읽어 주기 위해 그리고 수집품의 대상으로만 그림책을 보았습니다. 그래서 이야기를 깊이 맛보는 일도, 차분히 그림을 살펴보는 일도 거의 없었습니다. 이때는 같은 그림책을 여러 번 반복해서 읽었기 때문에 머리로만 이해했을 뿐 마음으로 읽지는 못했습니다. 그러다 어느 순간 이야기와 그림이 함께 어우러져 머리에 들어온 느낌이 들었습니다. 아이들에게 그림책을 읽어 줄 때 아이들이 느끼는 세계가 바로 이런 것이라는 사실을 깨달은 건 훨씬 나중의 일입니다.

책장에 늘어선 그림책을 꺼내 다시 읽으니, 많은 그림책에서 지금까지 깨닫지 못했던 메시지를 느꼈습니다. 제가 느낀 메시지가 작가가 전하고 싶었던 것인지 아닌지는 모르겠습니다. 애당초 아이들을 위해 쓰인 것이기도 하고요. 하지만 아이들을 위한 그림책이라도 어른들이 읽으면 인생에 대해 깊이 생각하게 되거나 문제 해결의 힌트를 얻을 수 있다고 생각했습니다. 그것을 깨닫고 나자 저의 '그림책 보는 눈'이 달라졌습니다. 이 깨달음이 제 그림책관을 또 크게 바꿨습니다.

『내가 정말 알아야 할 모든 것은 유치원에서 배웠다』(로버트 풀검 지음, 최정인 옮김, 알에이치코리아)라는 책이 있습니다만, '내가 정말 알아야 할 모든 것은 그림책에서 얻을 수 있다.'라고 말하고 싶을 정도의 패러다임 전환(즉, 가치관의 대전환)이 일어났습니다. 그리고 '어른도 그림책을 읽어야 한다'는 신념으로 주위의 가까운 어른들(대부분 비즈니스맨)에게 그림책을 권하기 시작했습니다. 바야흐로 그림책 수집가에서 어른을 위한 그림책 전도사로 변신한 것입니다.

제2장
그림책의 수수께끼가
깊어지다

강도에
공감하다

어른 그림책 전도사로서 의욕이 넘치던 저는 직장인에게 그림책을 읽어 줄 기회를 항상 기다리고 있었습니다. 가방 속에 그림책을 넣고 있다가, 술자리에서 모두가 얼큰하게 취했을 무렵 "그림책을 읽어도 될까요?" 하며 꺼내 들었지요. 바로 '강제로 그림책 읽어 주기'입니다. 그 무렵 자주 소개했던 그림책입니다.

『세 강도』
토미 웅게러 그림·글 | 양희전 옮김
시공주니어

온통 검은 옷으로 무장한 세 강도는 밤이 되면 마차를 습격하고, 빼앗은 보물을 산속 동굴에 옮겨 놓습니다. 그런데 어느 날 밤, 강도들이 습격한 마차에는 티파니라는 여자아이 한 명뿐이었습니다. 다른 보물은커녕 가져갈 것이 아무것도 없었기 때문에 강도들은 티파니를 동굴로 데려갑니다.

　다음 날 아침, 티파니는 보물이 담긴 궤짝들을 발견하고는 "이게 다 뭐에 쓰는 거예요?" 하고 묻습니다. 세 강도는 보물들의 용도에 대해 의논하기 시작했습니다. 그리고 성을 하나 사들이고, 길 잃은 아이나 버려진 아이들을 데려와 모두 함께 살기로 합니다. 성에 대한 소문은 곧 온 나라에 퍼졌고, 아이들도 점차 늘어납니다. 아이들은 성장하여 결혼을 하고, 성 주위에 집을 짓고 마을을 이루어 살게 됩니다.

처음 출간된 지 60여 년이 지난 작품이라고 생각할 수 없을 정도로 현대적인 느낌을 주는 그림책입니다. 산뜻하고 간결한 그림과 기승전결이 뚜렷한 이야기는 그림책에 익숙하지 않은 직장인들에게도 매력을 전달하기에 충분했습니다. 그래서 실제로 어디에서 소개하든 모두에게 환영을 받았습니다. 그날도 여느 때처럼 어른들에게 그림책을 읽어 주었습니다. 그런데 순간적으로 작가의 메시지를 알 것 같았습니다. 그래서 그림책을 읽어 준 뒤 혼자 다시 한번 찬찬히 읽어 보았습니다. 또한 영어판도 확인하며 내 생각이 틀림없다고 확신했습니다.

작가는 분명히 이 말을 전하고 싶었을 것입니다. 제 마음을 사로잡은 건 티파니의 "이게 다 뭐에 쓰는 거예요?"라는 말이었습니다. 이 여자아이는 어른들에게 '당신들은 그렇게 열심히 돈을 벌고 있는데, 도대체 무엇을 위해서 일하는 건가요?'라고 물은 것입니다. 영문판에서도 이 글만이 유일하게 큰따옴표(" ")가 붙은 대사이고, 나머지는 모두 내레이션임을 확인한 저는 그 부분에서 작가의 강한 메시지를 느꼈습니다.

이 질문은 어린이를 향한 것이라고는 생각되지 않습니다. 어쩌면 그림책을 읽어 주는 어른을 향한 메시지가 아닐까요? 티파니의 질문은 특히 그즈음 제 자신에게 보내는 메시지처럼 느껴졌습니다. '나는 무엇을 위해 일하는가?' 그 물음에 명확하게 대답할 수 없었습니다.

저는 회사에서 맡고 있는 주택 설계 일을 좋아했습니다. 경력이 쌓이면서 잘하게 되었고, 고객들이 기뻐하는 모습을 보며 성취감도 느꼈습니다. 다만 설계 일을 정성스럽게 하면 할수록 작업에 시간이 걸려 언제나 시간이 부족하다고 느꼈습니다. 거기에 관리직으로서의 업무도 더해져 아무리 열심히 일을 해도 늦은 시간에 퇴근하기 일쑤였습니다. 가족과 생활 리듬이 맞지 않는 데다 주말은 일하고 쉬는 날은 평일이 되다 보니, 온 가족이 함께 나가기도 쉽지 않은 형편이었습니다. 이대로 간다면 10년, 20년 후의 제 모습을 상상할 수가 없었습니다. "이게 다 뭐에 쓰는 거예요?" 다시 그림책과 마주했습니다.

다음으로 마음에 걸린 부분은, 세 강도는 왜 티파니를 데려갔을까 하는 점입니다. 어린 여자아이를 데리고 가면 귀찮은 일이 생길 게 분명합니다. 그러나 여자아이를 안고 데려가는 강도의 얼굴은 매우 온화하고 상냥해 보입니다. 그렇구나. 세 사람은 무작정 아이를 데려온 것이 아니라, 아마도 아이를 좋아했던 것일지도 모른다는 생각이 들었습니다. 그렇다면 보육원을 시작한다는 선택도 납득이 갑니다. 세 사람의 무의식 속에는 자신들도 몰랐던 아이에 대한 '무언가'가 있었고, 그것이 티파니와의 만남으로 깨어난 것인지도 모릅니다. 강도가 보육원을 시작하는 비약적인 행동도 그렇게 생각하면 이치에 맞는 것 같습니다.

제 문제로 돌아와서 "이게 다 뭐에 쓰는 거예요?"라는 질문에 대답하는 내 안의 '무언가'에 대해서 알아보기 시작했습니다. 강도들이 티파니를 데려간 것처럼, 아무런 이득이 되지 않더라도 하고 싶은 일이 무엇인지 말입니다.

저는 일급 건축사 자격증이 있지만, 개인 주택 설계 이외에는 거의 관심이 없었습니다. 그리고 가장 좋아하는 업무는 현장견학회 설명 담당, 즉 건축 현장에 고객을 모아 기술자로서 구조 설계의 개념이나 내진성·내화성에 대해 이야기하는 일입니다. 현장견학회에서 설명을 할 때, '어떻게 하면 박수를 받을 수 있을까?'를 항상 생각했습니다. 왜 개인 주택일까? 왜 현장견학회에서 박수를 받고 싶을까? 왜? 왜? 하며 깊이 파고들어 알게 된 것은, 내가 하고 싶은 일이 '내가 이해한 것이나 생각한 것을 상대에게 알기 쉽게 전하여 기쁨을 주는 것'이란 사실이었습니다. 다시 말해, 꼭 건축 일이 아니더라도 그 기쁨을 충족시킬 수만 있다면 좋겠다고 깨달은 것입니다.

이렇게 해서 저는 건축 기술자에서 '내 생각을 알기 쉽게 전하는 일'로 인생의 방향을 틀었습니다. "이제 건축 일은 안 하나요?", "국가 자격증까지 갖고 있는데 아깝네요."라는 말을 지금도 듣곤 합니다. 마치 강도에서 보육원 경영자로 직업을 바꾼 세 강도처럼 제 안에서는 이치에 맞는 선택과 결정이었지만, 주위 사람들에게는 이해하기 힘든 직업 전환이었던 모양입니다. 또다시 그림책을 읽습니다. 읽으면 읽을수록 궁금한 점이 생깁니다.

세 강도가 아이들에 대해 애틋한 마음을 가지고 있다는 것은 알겠는데, 그런 마음은 언제 생겼을까요? 어쩌면 이들 세 사람도 고아가 아니었을까요? 살기 위해 어쩔 수 없이 강도가 되었고, 어느새 사람들에게 두려움의 대상이 되면서 도둑질 자체가 목적이 되어버린 것인지도 모릅니다. 목적을 잃고 방황하던 세 사람은 티파니의 질문 "이게 다 뭐에 쓰는 거예요?"로 정신을 차리게 된 것은 아닐까요? 결국 세 사람이 다다른 결론은 '우리 같은 아이들을 더 이상 만들면 안 돼!'였던 것일지도 모릅니다. 그래서 보육원을 열게 된 것은 아닐까요? 여기까지 상상을 하고 나니 처음으로 이 그림책을 제대로 이해한 것 같았습니다. 그리고 강도들이 진심으로 '멋지다'는 생각도 들었습니다.

이런 생각은 어디까지나 제 개인적인 해석일 뿐이며, 작가의 의도와는 다를 수 있습니다. 다만 이런 식으로 그림책은 읽는 사람이 자유롭게 상상력을 발휘해 깊이 있게 읽을 수 있다는 사실을 실감할 수 있었습니다. '어른들도 그림책을 읽어야 한다!'라는 그림책 전도사로서의 동기부여가 더욱 커져만 갔습니다.
　한마디만 덧붙이고 싶습니다. 제 해석이 정답인 것처럼 오해를 불러일으킬 수 있습니다. 가급적이면 『세 강도』에 대한 다양한 해석과 견해도 찾아서 꼭 살펴보기 바랍니다.

모두의 해석이
같지는 않다

동기부여의 원천을 깨달은 저는 건축 현장을 떠나 같은 회사의 인재육성 부서로 옮겼습니다. 그 이후로 사내의 다양한 교육에 참여하여 도시락 준비부터 수백 명 앞에서 강연하는 역할까지 다양한 일들을 경험했습니다. 그리고 교육 강사로 독립하기에 이르렀지요. 그림책 전도사인 저는 어떻게 하면 교육에 그림책을 접목할 수 있을지 고민했습니다.

그러는 중에 또다시 기존의 가치관을 뒤엎는 체험을 했습니

『내가 좋아하는 것』
프랑수아즈 글·그림 | 가이세이샤

다. 교육 주제가 직장 내 인간관계였습니다. 저는 한 여자아이가 처음부터 끝까지 자신이 좋아하는 것을 이야기하는 그림책 한 권을 소개했습니다. 한국에서는 나오지 않았는데, 한 부분을 옮겨 보겠습니다.

> 나는 사람을 좋아해요.
> 아기도, 노인도, 큰 사람도, 작은 사람도
> 모두 좋아해요.
>
> 나는 집을 좋아해요.
> 추운 겨울에 눈이 내려도 집에 있으면 따뜻하지요.
>
> 나는 나들이를 좋아해요.
> 밖에서 도시락을 먹으면 집에서 먹는 것보다 더 맛있어요.
> 왜 그럴까요?
>
> 난 좋아하는 게 이렇게 많아요.
> 당신은 어떤 걸 좋아하나요?

자신이 좋아하는 것을 신나게 이야기하는 이 아이는 분명 눈을 반짝이며 기분 좋은 미소를 짓고 있을 것만 같습니다. 웃는 얼굴과 밝은 목소리를 가진 사람은 누구에게나 좋은 인상을 주지요.

사내 교육에서 이 그림책을 소개한 후 "이 아이에 대한 인상은 어떤가요?"라고 물었더니, 거의 모든 사람이 '인상이 좋다, 호감이 간다'라고 대답했습니다.

어느 단체에서 의사소통에 대한 교육을 진행했을 때의 일입니다. 역시 이 그림책을 소개한 후 참가자들에게 '자신이 좋아하는 것'에 대해 이야기하도록 했습니다. 자신이 좋아하는 것을 이야기할 때면 모두 웃고 목소리도 밝아져서 분위기가 아주 좋아지거든요.

교육이 끝나고 그 단체의 담당자와 차를 마시는데, "그 아이는 어떤 사람이든 다 좋아한다고 했지요?"라며 말을 꺼냈습니다. 그 아이는 물론 그림책 속 주인공을 말하는 것이고요. 그는 "하지만 주변에 있는 사람을 모두 좋아할 수는 없는 것 같아요. 그래서 정말 그렇게 생각하는 걸까? 과장하는 것은 아닐까 하는 생각이 들면서… 그 점이 매우 궁금했어요."라고 말했습니다. 전혀 예상치 못한 감상평이라 저는 깜짝 놀랐습니다. 혹시 이 사람이 조직 내 인간관계로 고민에 빠진 것은 아닐까 하는 생각도 들었습니다.

물론 누구나 좋아하는 사람들로만 둘러싸여 있을 수는 없습니다. 하지만 그런 상황 속에서도 '자신이 좋아하는 것'을 의식하면 마음이 밝아진다는 것이 이 그림책이 전하는 메시지라고 생각해서 저는 소개했던 것입니다. 그 자리에서는 "그 부분이 마음에 걸리셨군요. 그림책에 대한 감상은 사람마다 모두 달라서 재미있네요."라며 넘겼습니다. 이 일로 저는 그림책을 감상할 때 '누가

봐도 그렇게 생각한다'거나 해석의 '만장일치'는 불가능하다는 것을 새삼 깨달았습니다. 어쩌면 저는 지금까지 제 해석을 강요해 왔을지도 모른다는 생각까지 들었습니다. 이 일을 계기로 이후 활동의 밑기름이 되는 큰 깨달음을 얻었습니다.

토끼와
거북이 이야기

그림책은 단순한 편이지만 사람에 따라서 받아들이는 방식이 많이 다를 수 있습니다. 그림책을 읽을 때, 어른들에게는 과연 어떤 일이 일어날까요? 저는 그 힌트를 전혀 다른 분야에서도 얻었습니다.

저는 교육 강사 업무에 활용하기 위해 개인적으로도 다양한 교육에 참여하여 상담심리학과 심리 치료를 배우고, 또 자기계발 세미나에 다니기도 했습니다. 그런데 어쩐 일인지 그 무렵, 저는 전혀 다른 분야에서 〈토끼와 거북이〉 이야기를 여러 번 듣게 되었습니다.

여러분도 이솝 우화에 나오는 〈토끼와 거북이〉 이야기를 알고 있지요? 움직임이 느리다며 토끼에게 놀림을 당하자, 거북이가 "그럼, 달리기 시합을 하자."고 제안합니다. 아시다시피 토끼와 거북이의 달리기 시합이 시작되자, 토끼는 눈 깜짝할 사이에 거북이를 따돌렸습니다. 너무 큰 차이가 나는 바람에 토끼는 중간에 잠시 쉬다가 그만 졸기 시작합니다. 토끼가 헉 놀라며 눈을 떴을 때는 거북이는 이미 도착 지점에 가 있었습니다. '자만하여 방심하면 뜻밖의 실패를 하게 된다.'는 토끼 입장의 교훈과 '꾸준히 노력하면 큰 성과를 얻을 수 있다.'는 거북이 입장의 교훈이 이 우화의 일반적인 해석이겠지요.

한 자기계발 세미나에서 강사가 〈토끼와 거북이〉 이야기를 한 뒤, "여러분, 토끼가 왜 졌는지 아세요?" 하고 물으며 청중을 둘러보았습니다. 잠시 후 그는 "토끼는 경쟁자인 거북이를 보고 있었지만, 거북이는 도착 지점만 보고 있었기 때문입니다!"라고 말했습니다. 토끼도 자신의 목표만 바라보고 달렸다면 쉽게 이겼을 거라고요. 뒤를 이어 목표 설정이 얼마나 중요한지에 대한 강의가 이어졌습니다.

또 심리학 강좌에서는 "왜 그렇게 발이 느리냐!"고 놀림을 받은 거북이가 "그럼 달리기로 겨루어 보자!"라고 화를 내며 반응한 것은 마음의 문제라고 이야기를 했습니다. 달리는 속도가 느리다는 말을 들어도 '그래, 나는 거북이니까. 그게 바로 나야.'라고 받아넘길 수도 있는 게 건강한 마음 상태인데, 거북이가 보인 태도는 과민반응, 일종의 노이로제라는 거지요.

어떤 경영자 교육에 참가했을 때도 〈토끼와 거북이〉 이야기가 나왔습니다. 강사는 "거북이가 땅 위에서 승부를 겨루면 안 되지요. 거북이가 능력을 발휘할 수 있는 곳은 물속이니까요. 비즈니스도 마찬가지예요. 상대의 무대에서 싸우면 안 됩니다. 자신의 강점을 발휘할 수 있는 곳에서 승부를 가려야 합니다."라며 경영 전략의 기본을 강조했습니다.

이 우화에 대해 강사들은 각자 자신의 전문 분야의 관점에서 해석을 했습니다. 어떠한 해석도 납득 가능하지 않은가요? 또 어떤 것이 더 훌륭한 해석인지에 대한 우열도 있을 수 없습니다. 무엇보다도 누구나 잘 알고 있는 이야기가 비유로 사용되면, 참가자들은 배움이 즐겁고 또 각자 자신의 의견을 말하기 쉽다는 것을 저는 공통적으로 느꼈습니다.

한편으로는 '나라면 그림책을 사용했을 텐데.'라는 생각도 물론 들었습니다. 외부 교육을 받을 때마다 '이 내용이라면 저 그림책이 좋겠다.' 같은 아이디어가 자꾸 떠올랐습니다. 그림책을 비유로 활용하면 더 재미있게 교육을 진행할 수 있을 것 같았습니다. 제 의욕의 스위치가 다시 켜졌습니다.

제3장
그림책에서
무엇을 보았을까?

어른들의
열띤 그림책 토론

교육이나 세미나에 그림책을 연계할 수 있는 아이디어가 계속 떠올라서 저는 기회만 있으면 그 아이디어를 실현해 봅니다. 〈토끼와 거북이〉처럼 누구나 알고 있는 이야기가 아니더라도, 그림책은 짧은 시간에 읽을 수 있어서 불과 몇 분이면 함께 있는 사람들과 공유할 수 있는 이야기로 만들 수 있습니다. 그러는 동안 몇 번이나 놀랐던 그림책이 있습니다.

『구룬파 유치원』
니시우치 미나미 글
호리우치 세이치 그림
이영준 옮김 | 한림출판사

구룬파는 몸집이 커다란 코끼리예요. 혼자라 외롭다며 가끔 울기도 합니다. 다 컸는데도 어슬렁거리며 아무것도 하지 않고, 외톨이로 지내느라 오래 씻지 않아 냄새까지 지독해요. 정글의 코끼리들은 회의를 열어 구룬파를 인간 사회로 일하러 내보냅니다.

첫 번째로 간 비스킷 가게에서 큰 비스킷을 열심히 만들지만, 팔리지 않아 해고를 당합니다. 구룬파는 접시 만들기, 구두 가게, 피아노 공장, 자동차 공장으로 이직을 하지만, 어디를 가든지 그가 만드는 것이 너무 크고 팔리지 않아 계속해서 쫓겨나고 말지요.

풀이 죽어 있던 구룬파는 아이를 돌봐 달라는 부탁을 받습니다. 구룬파가 피아노를 치면서 노래를 부르자 아이들이 와르르 몰려듭니다. 구룬파는 지금까지 만든 너무 커다란 비스킷과 구두와 접시들로 유치원을 열었습니다. 이제 구룬파는 더 이상 외롭지 않습니다.

이 그림책은 몇 번이나 반복되는 도전과 여러 가지 물건이 점차 늘어나서 쌓여 가는 재미난 장면과 세상 일에 서툴기만 했던 주인공이 성공해서 행복해지는 결말 등으로 오랫동안 아이들의 사랑을 받고 있습니다.

저도 아이들에게 읽어 주는 책이지만, 어른들의 연수에서도 소개할 수 있지 않을까 생각했습니다. 구룬파는 직장을 옮길 때마다 점점 어려운 기술과 지식을 익히다가 실패하지만, 마침내는 천직을 만납니다. 저는 이 이야기를 경력 계발의 성공 스토리라고 생각했습니다. 너무 커서 평가받지 못했던 물건들이 마침내 모두에게 도움이 된다는 마지막 부분이 제 눈에는 조직에서 인재를 적재적소에 배치하는 업무와 겹쳐 보였습니다.

그래서 신입 사원을 대상으로 한 교육에서 응원의 마음을 담아『구룬파 유치원』을 소개했습니다. 그러자 수강생 가운데 한 사람이 "알겠습니다. 일이 맞지 않으면 새로운 일을 찾아 계속 이직을 하는 것도 좋겠네요!"라고 말하지 않겠어요? '아니, 잠깐만! 신입 사원 교육에서 직장을 자주 그만두어도 괜찮다고 배웠다면 큰일이지!' 싶어 저는 황급히 보충 설명을 했습니다.

"구룬파는 분명히 몇 번이나 직업을 바꾸기는 했지요. 하지만 조금만 더 생각해 보세요. 구룬파는 각각의 업무에서 제대로 된 제품을 만들려고 했어요. 게다가 구두, 피아노, 자동차 등 점점 더 복잡한 기술을 익혔지요. 따라서 구룬파는 마지못해 일을 했던 것은 아니라고 생각해요. 하지만 안타깝게도 고용주가 원하는 것과는 거리가 멀어서 해고를 당하고 말았지요.

여러분도 사회생활을 하다 보면, 아무리 노력해도 인정받지 못할 때도 있을 겁니다. 주변 환경이나 인간관계로 인해 자신의 역량을 충분히 발휘하지 못할 때도 있을 것이고요. 그럴 때 구룬파를 떠올려 주세요. 낙담하지 않고 최선을 다하면, 기회가 왔을 때 그 최선이 반드시 여러분에게 힘이 되어 도와줄 것입니다.

그림책의 마지막 장면을 보세요. 유치원에서는 구룬파가 만든 커다란 접시가 수영장이 되고, 커다란 구두는 미끄럼틀이 되었습니다. 이렇게 몸에 익힌 기술과 경험은 그대로 사용되지 않더라도, 확실히 여러분의 자산이 될 것입니다. 그러니까 지금은 눈앞의 일에 최선을 다하는 게 중요합니다."

  그랬더니 조금 전의 그 신입 사원이 "알겠습니다. 열심히 하겠습니다!"라고 대답해 주었습니다. 저는 마음속으로 '다행이다!'라고 외쳤습니다. 하지만 아직 업무 경험이 없는 신입 사원에게 사례를 들어 이해시키는 게 쉬운 일이 아니라는 사실을 깨닫고 반성했습니다.

그 후, 어느 다른 업계의 연수에서 『구룬파 유치원』을 소개하고, 이렇게 말했습니다. "저는 경력 향상에 관한 이야기라고 생각했는데, 어느 신입 사원은 이직을 장려하는 것으로 받아들이더라고요."라고 웃으면서 이야기했습니다.

  그때 한 남자가 "저는 좀 다르게 생각합니다!"라며 진지한 얼굴로 말했습니다. "구룬파는 가망이 없습니다. 유치원 경영도 분명 실패할 겁니다." 회사를 경영한다는 그 남자는 화가 난 듯이 단언했습니다. 저는 좀 놀라서 "왜 구룬파는 가망이 없지요?"라고 질문을 했습니다. 그러자 그는 이렇게 말했습니다. "구룬파에게는 고객의 관점이 빠져 있어요."

  '그림책에서 고객의 관점이라고?' 저는 등줄기에 식은땀이 흐르는 것을 느끼며 다시 물어보았습니다. "고객의 관점이라는 것은 손님의 입장에 서는 것을 말하는 건가요? 구룬파에게는 왜 그것이 부족하다고 할 수 있나요?" 그러자 그 남자가 말했습니다. "구룬파가 만든 구두를 보세요. 그렇게 큰 구두를 누가 신을 수 있겠어요! 만약 구룬파가 고객의 입장에서 생각을 했다면 그렇게 커다란 구두를 만들 리가 없지요. 그러니 유치원에서도 고객인 학부모와 갈등을 일으키고, 아마도 다시 이직할 수밖에 없을 겁니다." 그가 상당히 강한 어조로 말을 해서, 왜 그렇게 정색을 했는지 궁금했지만 "과연! 신입 사원에게는 신입 사원의 관점이 있듯이, 경영자에게는 경영자의 관점이 있군요. 그림책은 이처럼 다양하게 읽을 수 있어 재미있네요."라는 정도로 마무리를 했습니다.

저는 그림책을 읽어 준 것만으로 꾸지람을 들은 것 같은 기분이었지만, 아무래도 이 대화가 마음에 걸렸습니다. 그래서 쉬는 시간에 그 경영자와 천천히 이야기를 나누어 보니, 그 회사의 경영 과제가 '고객 만족도 향상'이라고 했습니다. 온종일 '어떻게 하면 고객을 만족시킬 수 있을까?'를 생각하는 경영자에게, 구룬파는 자기 회사의 형편없는 사원으로 보였던 것 같습니다. '왜 조금 더 고객의 눈으로 보지 못하는가? 그래서는 안 돼!' 그런 초조함이 강한 어조로 나타났던 것입니다. 제가 꾸지람을 들은 것 같아 조금 무서웠지만, 이러한 경험도 다른 연수에서 소개하는 하나의 이야깃거리가 되었습니다.

경영자들이 모이는 연수회에서 이야기할 기회가 또 생겼습니다. 거기에서도 『구룬파 유치원』을 소개하며 "저는 경력 계발 이야기라고 생각했는데, 어떤 신입 사원은 그것을 이직 독려로 받아들이더군요. 고객만족도를 가치로 삼는 사장님께는 혼이 났어요."라고 웃으며 이야기했습니다.

그러자 "잠시만요!" 하더니 손이 번쩍 올라왔습니다. 회사 임원을 맡고 있는 한 여성이었습니다. "구룬파가 나쁘다고는 생각하지 않습니다. 문제는 경영자나 관리자에게 있다고 생각해요." "네? 그림책 속에 관리자가 등장하나요?" 또 다른 이야기가 펼쳐졌습니다. 이제는 예상치 못한 반응이나 의견을 받아들일 여유가 생겨 어떤 말이 튀어나올까 설레기까지 했습니다. "왜 관리자의 문제라고 생각하십니까?" 하고 물었습니다. 그러자 "구룬파는 성실하게 일했어요. 너무 큰 구두를 만들었다고 비난하는데, 이런 제품이 최종적으로 나올 때까지 그냥 놔두면 안 되는 거 아닌가요? 중간에 알아차리고 지도해 주어야지요. 그냥 놔두었다가 '결과'만 보고 평가한다면, 사원들은 모두 일할 마음이 사라질 겁니다. 일이 진행되는 '과정'을 잘 지켜보면서 이끌어 주는 것이 관리자의 역할 아닐까요?"

그러자 모두 고개를 끄덕였습니다. 그렇다면 과연 그녀는 회사에서 무슨 일을 할까요? 그녀는 인재 육성 컨설턴트라고 했습니다. 구룬파가 일한 가게의 인재 교육 시스템의 결함을 발견한 것입니다. 분명 그 가게의 경영자에게 조언을 해 주고 싶었겠지요.

『구룬파 유치원』의 뒤표지에는 '읽어 준다면 네 살부터'라고 적혀 있습니다. (한국어 번역판에는 '사용연령 4세 이상'이라고 적혀 있음-옮긴이주) 어린아이가 즐길 수 있는 단순한 이야기인데, 어른들의 느낌은 이토록 달랐습니다. 아마도 작가의 의도와는 거리가 멀겠지만요.

이처럼 그림책은 비유로서는 잘 작동하지 않았고, 교육도 제가 의도한 목표에 부합하지 않아 그림책을 성인 대상 연수에 사용하는 것은 매우 힘든 일이라는 사실을 새삼 깨달았습니다. 하지만 그림책에 대한 참가자들의 반응은 매우 흥미로웠고, 경력계발의 비유로 소개한 『구룬파 유치원』에서는 참가자들이 그림책에 등장하지 않는 관리자의 관점까지 이야기했습니다. 이 관리자는 도대체 어디서 나타난 것일까요? 아무래도 어른들은 그림책을 그대로 받아들이지 않는 것 같습니다. 그렇다면 '어른들이 그림책을 읽을 때 무슨 일이 벌어질까?' 이것이 다음 탐구 주제입니다.

그림책에서 무엇을 보았을까?

어른들이 그림책을 읽을 때 무슨 일이 일어날까요? 저는 정말 궁금했습니다. 그 후에도 여러 어른들에게 그림책을 읽어 주면서 조금씩 알게 되었습니다. 구체적인 그림책을 예로 들어 생각해 봅시다.

『네가 만약…….』
존 버닝햄 글·그림 | 이상희 옮김
비룡소

이 그림책은 '만약에…….'라는 말로 시작하면서 끊임없이 선택의 상황을 제안합니다. 그림책에 나오는 예를 몇 가지 소개해 볼게요. "네가 만약에……. 온몸에 잼을 뒤집어쓴다면, 물벼락을 맞는다면, 또는 개 줄에 끌려 진흙탕에 미끄러진다면?"처럼 어느 것 하나 고르고 싶지 않은 질문도 있고, '성에서 먹는 저녁 식사, 기구를 타고 먹는 아침 식사, 또는 강에서 먹는 간식'처럼 모두 즐거워 보이는 선택의 질문도 있습니다.

그림책 속 질문을 하나 더 생각해 봅시다. "네가 만약 이런 일을 돕는다면? 요정의 마술, 난쟁이들의 보물찾기, 도깨비의 장난질, 마녀의 죽 끓이기, 또는 산타클로스의 선물 배달." 각각의 선택지에는 그림이 함께 있습니다. 이를 테면 '도깨비의 장난질'에는 정원에서 일광욕을 하는 아저씨에게 담장 너머에서 호스로 물을 뿌리는 그림이 있습니다. 도깨비라고 적혀 있긴 하지만 웃는 표정이라 무섭지 않아요. 이런 식으로 그림에서 도와주는 내용을 상상할 수 있습니다.

자, 여러분이라면 어떤 일을 돕고 싶나요? 실제로 여러 사람에게 물어보면 대답이 모두 다릅니다. 또 같은 선택을 한 사람끼리도 그 이유는 제각각 다릅니다. 예를 들어, 검은 모자를 쓴 마녀 옆에서 아이가 커다란 솥을 휘젓고 있는 그림인 '마녀의 죽 끓이기'를 선택한 사람은 '어떤 맛인지 먹어 보고 싶어서', '만드는 법을 배워서 집에서도 만들어 보려고', '마녀의 제자가 되어 마법을 쓰고 싶어서' 등의 이유를 들었습니다. 같은 그림을 보고 같은 질문을 받고 같은 선택을 했는데, 왜 이유는 이토록 다를까요? 처음에 '어느 것이 좋을까?'라는 선택은 어떻게 해서 이루어지는 걸까요?

마녀의 죽을 '먹어 보고 싶어서'라고 답한 사람들에게서는 체험의 가치와 이야깃거리를 만들기 위해서라는 생각이 들고, '만들어 보고 싶어서'라고 답을 한 사람들로부터는 지식과 기술을 얻는 것, '제자가 되고 싶어서'라고 말한 사람들에게서는 꿈이나 소망을 느낄 수 있었습니다. 즉 '좋은 것'을 판단하는 가치는 사람마다 다르다는 것이지요. 사람들은 모두 서로 다른 삶을 살아왔고, 다른 경험을 통해 다른 지식을 얻었고, 다른 상식 속에서 다른 가치관을 키워왔지요. 그 사람 안에 꽉 차 있는 것들로 '좋은 것'을 판단하기 때문에, 선택의 이유도 제각각인 게 어쩌면 당연하지 않을까요?

조금만 더 깊게 생각해 봅시다. 만약 그림책에 마녀의 죽 재료와 맛이 적혀 있고, 먹으면 어떻게 되는지에 대한 정보도 적혀 있었다면 어떨까요? 아마도 '마녀의 죽 끓이기'를 선택하는 사람들의 이유가 좀 더 좁혀지지 않았을까요? 즉 '마녀의 죽 끓이기'라는 말과 그림 한 장만 있다면 상상력이 자유롭게 작용할 수 있지만, 정보량이 많아지면 상상력이 떨어질 수밖에 없을 것입니다. 상상력을 발휘할 수 있는 여지가 얼마나 있을까? 바로 그 점이 핵심이 아닐까 싶습니다.

그림책은 단순하기 때문에 어른들은 자신 안에 이미 있는 것을 사용하여 다양한 해석을 할 수 있습니다. 그런 점에서 그림책은 수많은 매체 가운데서도 상상력을 발휘할 수 있는 여지가 절묘한 균형을 이루고 있다고 생각합니다. 다음에는 이 부분을 생각해 봅시다.

왜
그림책일까?

지금까지 다양한 사례에서 어른들은 단순한 이야기를 자신의 지식, 경험, 가치관을 통해 해석하는 모습을 살펴보았습니다. 예를 들어 옛이야기 〈개와 고양이〉를 듣고 나서 '아, 어쩐지 상사와 부하 직원 사이 같다.'고 느꼈다고 합시다. 이러한 감상은 '직장 내 상사-부하 관계는 사이가 좋지 않다.'는 지식이나 경험이 없으면 나올 리 없습니다. 또 '상사와 부하 직원'이라고 해도 사람마다 가지고 있는 이미지는 다를 것입니다. 자기 자신이 직장에서 사이좋은 상하 관계를 경험하고 있다면, 싸우는 개와 고양이에게 그 이미지를 덧입히지는 않겠지요. 내 안에 있는 것들이 어떤 이야기를 계기로 바깥으로 튀어나오는 것, 즉 이야기의 해석은 거울처럼 내면을 비추고 있다고 생각합니다. 그럼, 왜 그림책 감상에서 그러한 일이 일어날까요?

이야기를 전달하는 다양한 매체를 구체적인 것과 추상적인 것이라는 두 축에서 생각해 보겠습니다. 이야기를 전달하는 '구체적' 매체로는 영화나 애니메이션 등이 있습니다. 이야기의 주인공은 성장 배경과 성격 그리고 내면 묘사 등이 입체적으로 그려집니다. 또한 영상은 연속적이고, 인물도 풍경도 여러 각도에서 보여줍니다. 시청자들이 상상력을 발휘해 자신만의 이미지를 만들 여지를 별로 남겨 두지 않습니다. 인기 만화가 애니메이션으로 만들어졌을 때, 많은 팬이 '원화의 이미지와 다르다.'라며 아쉬워하는 경우가 자주 있습니다. 이처럼 구체적인 매체에는 수용자의 상상력이 들어갈 여지가 거의 없다고 할 수 있습니다.

그럼 추상적인 매체는 어떤 것일까요? 적은 글자 수로 행간에 이야기의 재미를 느끼게 하는 것으로, 일본에는 단가나 하이쿠가 있습니다. 이러한 것들은 정보량이 매우 적기 때문에 상당히 '추상적'이라고 할 수 있겠지요. '감을 먹으니 종이 울리는구나 호류사일까'는 마사오카 시키의 유명한 하이쿠입니다. 이것을 보고 누구나 교토의 가을 풍경을 읽어 낼 수 있는 것은 아닙니다. 물론 호류사를 알지 못하면 아무런 공감도 할 수 없을 테고요. 감을 먹는 모습도, 떠올리는 풍경도 사람마다 다를 것입니다.

자신의 지식과 경험을 이용해서 해석한다는 점은 같지만 정보량이 적을수록(즉, 추상도가 높을수록) 읽는 사람의 능력과 배경 지식이 어느 정도 필요하고, 다른 사람들과 이미지를 공유하기도 어려워질 것입니다.

이처럼 구체적인 것과 추상적인 것이라는 축에서 보았을 때, 그림책은 그 중간에 속한다고 생각합니다. 태어난 지 얼마 되지 않아 실제로 체험을 많이 하지 못한 아이들도 이해할 수 있도록 만들어진 그림책은 이미지(그림, 사진 등)가 이야기를 안내해 줍니다. 하지만 페이지 수나 분량이 적은 편이라 제시되는 그림은 스무 장 남짓에 불과하지요. 장면과 장면 사이는 독자의 상상력에 의해 보완될 수 있도록 만들어져 있습니다. 그림이 안내하기 때문에 같은 그림책을 읽은 사람들은 거의 같은 이야기 세계를 공유하지만, 그 사이사이에 상상력이 들어갈 여지가 많습니다.

그 결과, 그림책을 읽은 어른들은 무의식적으로 자신의 지식이나 경험, 가치관 등으로 행간을 채웁니다.『구룬파 유치원』에서 고객 입장을 생각하지 못하는 부하 직원의 모습을 보거나 관리자를 등장시키거나, 또『세 강도』의 강도들로부터 자신의 일하는 방식을 들키기라도 한 것처럼 말이지요.

그림책을 깊이 읽고 무언가를 느낀다는 것은 어쩌면 내 안에 펼쳐져 있는 세계를 거울에 비춰 보고 재발견하는 것일지도 모르겠습니다.

'한 번 더!'의 수수께끼

어른들은 그림책을 자신의 지식이나 인생 경험 혹은 가치관 등을 투영하여 해석하는 반면, 어린아이들은 투영할 만한 지식도 경험도 어른과 비교하면 거의 없다시피 합니다. 그래서 "엄마, 이 그림책은 깊이가 있네."라고 절대로 말하지 않습니다. 그렇다면 어른과 아이는 서로 다른 방법으로 그림책을 읽는다고 할 수 있습니다.

'그림책을 읽어 주면 아이에게 좋다.'라는 말을 부정할 사람은 많지 않을 것입니다. 그림책을 바라보는 반짝이는 두 눈, 아슬아슬한 장면에서 손을 꽉 쥐는 모습, 주인공이 무사히 집에 돌아와 이야기가 행복하게 끝이 나면 '휴' 하고 안도의 숨을 내쉬며 웃는 모습…. 그런 모습을 보면 분명 아이들은 그림책에서 무언가를 느끼고 있습니다. 그렇다면 그림책을 보고 듣는 아이들에게는 구체적으로 어떤 일이 일어날까요? 어른과 아이는 그림책을 읽는 방식이 어떻게 다를까요? 이런 궁금증에 대한 답을 뇌과학 연구에서 만났습니다.

책을 읽어 주면 듣고 있는 아이의 뇌는 어떻게 활동할까요? 실험 결과, 사고나 창조 등을 관장하는 전두엽 부분에서는 활동이 보이지 않았습니다. 뇌에서 활성화된 부분은 정서나 감정과 연관된 일을 한다고 알려진 대뇌변연계였습니다. 저자는 뇌의 이 부분을 '마음의 뇌'라고 표현했습니다. 무섭다, 슬프다, 즐겁다, 기쁘다 같은 감정은 인간의 기본적인 행동으로 이어진다는 점에서 중요합니다. 책을 읽어 주어 마음의 뇌를 키움으로써 다양한 감정을 이해하는 아이로 자라게 할 수 있다고 생각합니다.

다이라 마사토가 『책을 읽어 주면 마음의 뇌에 닿는다』에 밝힌 연구를 제 나름대로 정리해 보았습니다. 이 연구 결과를 보고 '아, 그렇구나!'라는 생각이 들었습니다. 그림책을 읽어 줄 때마다 "한 번 더!"라는 아이들의 요청은 왜 반복될까요? 그 수수께끼가 풀린 것입니다. 어떻게 풀렸냐고요?

아이에게 그림책을 읽어 준 경험이 있는 사람이라면 누구나 한 번쯤 경험하는 '한 번 더!' 공격 말입니다. 아이들은 지금 막 읽어 준 그림책을 "한 번 더 읽어 줘!"라며 조르고, 결국 같은 책을 몇 번이고 반복해서 읽어 주어야 합니다. 같은 그림책을 읽어 주는 데 싫증이 난 어른들은 '적당히 해!'라고 생각하지만, 아이는 "한 번 더 읽어 줘!"라며 한 치도 물러서지 않습니다. 방금 읽은 그림책이고 결말도 알고 있는데, 아이는 왜 몇 번이고 반복해서 듣고 싶어 할까요?

저는 실험 결과를 보고, 아이들은 그림책을 체험한다는 사실을 알았습니다. 책을 읽어 주는 걸 듣는 아이의 뇌에서 전두엽은 거의 활성화되지 않았습니다. 활성화된 것은 정서나 감정에 관여하는 대뇌변연계(이른바 마음의 뇌)였습니다. 뇌의 회로는 결국 '그래, 알았다.' 하며 머리로 이해하는 것이 아니라 화를 내거나 웃거나 울면서 듣는 것입니다. 이것은 무엇인가를 체험할 때의 뇌 상태에 가깝습니다. 바로 아이들은 그림책의 세계로 들어가 '유사 체험'을 한다는 뜻입니다.

저는 그림책이 아이의 마음에 어떤 식으로 남게 되는지 비로소 이해할 수 있었습니다. 누군가 읽어 주는 그림책을 듣는 일이 아이들에게는 마치 공원의 놀이기구를 타는 체험과 비슷할지도 모르겠습니다. 아이는 미끄럼틀이나 그네도 몇 번이고 반복해서 타고 싶어 하잖아요.

'이해'를 위해서라면 한 번이면 충분할지도 모릅니다. 놀이기구를 여러 번 타고 싶어 하는 것은 그것이 감정을 자극하는 '체험'이기 때문입니다. 감동적인 경험, 두근두근 설레는 경험이라면 누구든 다시 맛보고 싶어 할 것입니다. 어른들도 놀이공원에 가면 같은 롤러코스터를 여러 번 타잖아요. "한 번 더!"라는 요청은 "아주 즐거운 체험이었어."라는 칭찬이었던 것입니다.

하지만 그림책을 읽어 주는 어른은 눈으로 글자를 쫓습니다. 결국 이성적으로 읽는다는 뜻입니다. 따라서 이야기의 내용을 '알아' 버리면 두 번째부터는 별로 즐거울 수 없습니다. 그 결과,

그림(이미지)을 보면서 귀로 이야기를 듣는 아이와의 사이에 균열이 생기는 것이지요. 그러니 "한 번 더!"는 최고의 칭찬이니까 무리하지 않는 범위에서 가능한 한 아이의 요청에 응해 주기를 바랍니다. 이 사실을 몰랐던 저는 한 번도 우리 아이의 요청을 받아 주지 않았습니다. 지금도 깊이 반성하고 있습니다.

이처럼 어른과 아이는 그림책을 읽는 법이 다르다는 사실을 깨달았습니다. 아이는 이야기 속으로 들어가 그림책을 체험한다는 사실을 뇌과학의 연구를 통해 알았습니다.

한편 어른들은 이미 많은 경험과 지식이 쌓였기에 (무의식적으로) 이야기를 자신 쪽으로 끌어당겨 해석하는 경향이 있습니다. 물론 모든 어른이 모든 그림책을 그렇게 읽는다는 것은 아닙니다. 순수하게 그림책 체험을 즐기는 경우도 많다고 생각합니다. 다만 그림책 속의 무언가와 내 안에 있는 무언가가 공명했을 때, 그것이 '한 번 더!'와 같은 반응으로 나오는 게 아닐까요.

그림책테라피가
시작되다

그림책을 읽은 후에 느낌과 해석은 내면을 투영하는 것임을 깨달은 저는 같은 그림책을 최대한 많은 사람에게 읽어 주고 "어떻게 생각하십니까?" 하고 물어보았습니다. 그 결과 한 사람 한 사람 모두 느낌과 생각이 다르고, 다르게 기억한다는 사실을 확인할 수 있었지요.

서로 잘 알고 있는 친구의 경우 '너다운 감상이구나.' 같은 생각이 들 때도 종종 있었습니다. 몇 명씩 모여서 그룹으로 책을 읽는 것도 시작해 보았습니다. 그림책에서 느낀 점을 그룹 안에서 서로 나누다 보면, 감상이 제각각 다르다는 사실에 놀라곤 합니다. 자신의 생각과 다르더라도 그림책의 감상일 뿐이니 "아, 그렇군요. 그런 관점도 있군요.", "재미있네요."라며 쉽게 받아들일 수 있었습니다. 어른의 세계에서는 '다름'이 갈등의 요인이 되기 쉽지만, 그림책이 충격 흡수의 완충제 역할을 해 주어 그런 일은 잘 일어나지 않는 것입니다.

그림책을 매개로 한 모임을 여러 번 진행하면서 신기한 점을 발견했습니다. 그림책 모임이 끝날 즈음에는 처음 만난 사람들끼리 친해져 있다는 것을요. 왜 그럴까요?

이제부터는 하나의 가설입니다. 그림책 감상평을 할 때는 누군가를 의식하거나 정답을 말하려 하거나(처음부터 정답이란 존재하지 않지만) 거짓말을 할 필요가 없습니다. 느낀 대로, 생각한 대로, 있는 그대로를 표현하면 됩니다. 솔직하게 자신을 드러내고 이야기한 것에 대해 상대방은 재미있어하고, 관심을 가지고 받아들여 줍니다. 즉 있는 그대로의 나를 받아들여 준다는 걸 느낄 수 있습니다. 이러한 과정을 함께 반복하다 보니 자연스럽게 좋은 관계가 형성된 것이 아닐까 생각합니다. 이러한 점은 예상치도 못했던 부수적인 기쁜 결과물이었습니다. 이렇게 그림책을 통해 사람과 사람이 이어진다면 분명 평화로운 세상이 될 것 같았습니다.

어른들은 평소 사회생활을 하면서 있는 그대로의 자신을 드러내지 않습니다. 사회의 규칙을 지키고 상대방과 좋은 관계를 맺기 위해 겉으로 드러내는 자신과 내면의 모습이 일치하지 않기도 하지요. 하지만 그림책 이야기를 한다면, 자신을 구분해서 드러낼 필요가 없습니다. 그림책을 통해 내 안에 있는 것을 다양한 형태로 표현하고, 그것을 객관적으로 바라보면서 내면을 마주하게 될지도 모릅니다. 또한 이제까지 몰랐던 새로운 나 자신을 발견하는 경험을 할 수도 있습니다. 진짜 자신과 보여지는 자신이 어긋나 있는 시간이 길었던 어른들에게 그것들이 일치하는 순간은 자신을 마주할 수 있는 최고의 기회이자 치유의 시간이라고 생각합니다.

처음에 말씀드린 것처럼 '그림책을 읽으면 치유된다.'는 그런 단순한 의미의 이야기가 아닙니다. 어른들이 안심하고 자신을 표현할 수 있는 기회를 그림책의 힘으로 만드는 게 중요합니다. 저는 그런 자리를 만드는 방법을 '그림책테라피'라고 이름 붙였습니다.

그림책테라피는 어른들이 그림책을 읽을 때 마음속에서 무의식적으로 일어나는 일을 최대한 그대로 드러내도록 하는 시도입니다. 그림책을 매개로 느낀 점이나 떠오른 감정을 알아차리거나 무언가를 떠올림으로써 그림책의 체험을 자신의 것으로 만들자는 것입니다. "어떻게 생각하나요?", "무엇이 떠올랐나요?" 등 간단한 질문을 던지면, 말로 표현하기가 쉽습니다. 그림책과 질문은 한 세트입니다. 그림책으로 교육을 하려는 시도는 잘되지 않았지만, 이렇게 하여 '그림책테라피'에는 도달할 수 있었습니다.

저는 그림책 전도사에서 '그림책테라피를 하는 사람 = 그림책테라피스트'가 되었습니다. 취미로 시작한 그림책테라피 워크숍인 참여형 강좌가 입소문을 타면서 개최 요청이 많아졌습니다. 결국 기업 연수나 인재 육성 강사로 활동할 시간이 없어졌지요. 게다가 그림책테라피의 방법을 알려달라는 사람이 많이 생겨서 마침내 그림책테라피스트 양성까지 하게 되었습니다. 그림책과 전혀 인연이 없던 제가 어느새 그림책테라피스트 협회의 대표가 되어 있었습니다.

여기까지가 저의 '말하자면 긴 이야기'입니다. 지금까지 그림책테라피를 말로써 설명했지만, 머리로 이해하는 것이 아닌 경험으로만 느낄 수 있는 것이니 꼭 체험해 보기 바랍니다.

다음 장에서는 그림책테라피의 간단한 프로그램을 준비했습니다. 또한 5장에서는 그림책 가이드를 겸한 그림책테라피 워크시트(실제 활용이 가능한 그림책 소개와 가이드, 질문)도 수록했으니 꼭 활용하기 바랍니다.

제4장
그림책테라피를 실천해 보자

워크숍을 시작하며

이제 실제로 그림책테라피를 경험해 볼까요? 각각의 워크숍 맨 처음에는 그림책 소개가 있습니다. 먼저 그림책을 읽고, 가이드에 따라 활동을 진행해 주세요. 책을 통한 체험이기 때문에 혼자라도 상관없지만, 가능하면 가족이나 친구, 지인 등 몇몇 사람이 모여 누군가가 읽어 준 뒤 활동을 하면 더 뜻깊은 시간이 될 것입니다.

네 개의 활동은 순서에도 의미가 있기 때문에, 워크숍 1부터 차례대로 진행해 주세요. 그림책을 읽고(이야기를 공유하고), 질문에 대답하고(내면을 그대로 표현하고), 대답을 다 같이 나누는 것(드러난 것을 객관적으로 바라보기)입니다. 단지 이렇게 하는 것들의 반복입니다.

워크숍 1
좋아하는 것

📖 그림책 읽기

『하나는 뱀이 좋아』
가니에 안즈 지음 | 이구름 옮김
나는별

📖 내용 소개

하나는 동물을 좋아해요. 그중에서도 뱀을 가장 좋아하지요. 먹 잇감을 보면 스르륵 뻗는 긴 혀, 자세히 보면 예쁜 뱀 무늬도 맘에 들어요. 하나는 좀뒤영벌도 좋아해요. 개구리도 도마뱀도 지렁이 도 박쥐도요. 그런데 언니는 "하나가 좋아하는 건 왠지 좀 이상 해."라고 해요. 하나는 자신이 좋아하는 걸 친구들에게 보여주고 싶었어요. 하지만 모두 깜짝 놀라 도망칩니다. 그때 다가온 아이가 단 한 명 있었어요.

📖 그림책테라피스트 가이드와 질문

하나는 자신이 좋아하는 동물들을 모두가 좋아해 주기를 바랐어요. 하지만 같은 반 친구들은 도망가느라 야단법석이고, 선생님에게도 꾸중을 듣지만, 하나처럼 뱀이 예쁘다고 말해주는 친구를 만났습니다. 좋아하는 것은 사람마다 다릅니다. 그래서 아무 말도 하지 않으면 무엇을 좋아하는지 알 수 없고, 취미가 같은 친구들도 찾을 수 없을 것입니다.

또 자신이 '좋아하는 것'을 표현하는 것도 중요하다고 생각합니다. 잠시 시간을 내어 당신이 좋아하는 것을 써 보세요. 동물뿐만 아니라 취미라든가 모으고 있는 물건이나 음식 등 '좋아하는 것'이 떠오른다면 무엇이든 좋습니다. 3분 정도의 시간 동안 빈 종이에 써 보세요.

📖 그림책테라피스트의 한마디

하나가 좋아하는 동물 가운데에는 저도 싫어하는 게 있습니다. 왜 싫어하게 되었을까요? 첫인상이 좋지 않았거나 가까운 누군가가 그것을 싫어했던 영향일지도 모릅니다. 좋아하는 것이나 싫어하는 것에는 그동안 살아온 경험이 커다란 영향을 미치는 것은 아닐까요?

앞에서 쓴 자신이 좋아하는 것을 다른 사람과 서로 공유해 보세요. 취향이 다르더라도 공통점을 찾을지도 모릅니다. 상대방이 좋아하는 것에 대한 이야기를 듣다 보면, 그 사람이 살아온 환경이나 소중히 여기는 가치관 등도 보일 것입니다. 좋아하는 것으로 서로를 알게 되면 아무래도 좋은 관계로 이어질 가능성이 크지 않을까요?

워크숍 2
말

📖 그림책 읽기

『말의 형태』
오나리 유코 | 허은 옮김
봄봄출판사

📖 내용 소개

만약 우리가 하는 말이 눈에 보인다면, 색이나 모양이 어떨까요? 아름다운 말은 꽃을 닮았을지도 모릅니다. 목소리에 따라 꽃 색깔도 달라질까요? 부드러운 이불 같은 말이 돌돌 말려서 어쩌면 숨막히게 할지도 모릅니다. 누군가에게 상처를 주는 말은 못과 같아서 말할 때마다 뾰족한 못이 입에서 발사되어 상대방에게 꽂히고, 피 묻은 상처까지 보이면 말의 사용법은 달라질까요?

📖 그림책테라피스트 가이드와 질문

무심코 던진 말 한마디가 누군가를 위로하거나 화나게 하거나 울게 할 수 있습니다. 말은 눈에 보이지 않지만, 분명 커다란 힘을 가지고 있습니다. 우리는 평소에 그런 말을 너무 함부로 사용하는 것은 아닐까요? 이 그림책처럼 말의 모양이나 색깔이 눈에 보인다면, 더 신중하게 선택해서 이야기하려고 하겠지요. 이왕이면 상대방이 받아서 기쁜 '꽃 같은 말'을 쓸 수 있으면 좋겠네요. 당신이 꽃 모양이라고 생각하는 것은 어떤 말들인가요? 말로써 꽃다발을 만든다면, 어떤 말을 모을까요? 들으면 기쁠 수 있는 '꽃 같은 말'을 생각나는 대로 써 보세요. 어떤 말의 꽃다발이 생길까요? 이번에도 3분 동안 써 보세요.

📖 그림책테라피스트의 한마디

제가 기업에서 일할 때, 너무 바빠서 마음의 여유를 잃었던 시절이 있었습니다. 표정이 비장한 저를 보고 한 선배가 "오카다 씨, 일에 너무 목숨 걸지 말아요. 세상에 목숨을 바칠 수 있는 일은 없어요."라고 말해서 어깨의 힘이 스르르 풀린 적이 있었습니다. 그 이후, 마음이 여유롭지 않을 때면 스스로에게 '일에 목숨 거는 거 아니다.'라고 외치기도 했습니다.

이처럼 실제 상황은 아무것도 변하지 않더라도 마음의 말은 영향을 받습니다. 믿지 않아도 됩니다. 꺼낸 말을 맨 먼저 듣는 건 자기 자신이니까요. "괜찮아.", "운이 좋군.", "분명 잘될 거야.", "그 정도면 됐어." 등등 '꽃 같은 말'을 자신에게도 상대에게도 자주 사용할 수 있으면 좋겠습니다.

아무래도 긍정적인 말을 사용할 수 없는 기분이라면, 그림책을 소리 내어 읽어 보세요. 그림책에는 아름다운 말, 격려하는 말, 긍정적인 말이 많이 나옵니다. 누군가에게 그림책을 읽어 주면 나 자신은 물론 상대방도 그런 말을 충분히 들을 수 있어요.

워크숍 3
친구

📖 그림책 읽기

『나도 고양이야!』

갈리아 번스타인 지음 | 서남희 옮김
현암주니어

📖 내용 소개

사자, 치타, 퓨마, 검은 표범, 호랑이를 향해 고양이 시몬이 "안녕! 내 이름은 시몬이야. 나는 고양이야, 너희처럼!"이라고 합니다. 그러자 '푸하하하', '우하하하' 하며 저마다 웃는 게 아니겠어요? 사자는 갈기, 호랑이는 아름다운 무늬, 치타는 빠른 걸음 등 자신들만의 특징을 자랑합니다. 시몬은 "닮았다고 생각했는데…."라며 실망합니다. 그 말을 듣고 서로를 살펴보니 훌륭한 수염, 긴 꼬리, 어둠 속에서도 보이는 눈, 날카로운 발톱 등등 시몬과 모두의 공통점이 많이 발견되었습니다. 역시 모두 고양이네요!

📖 그림책테라피스트 가이드와 질문

사자와 고양이는 크기도 외모도 성격도 많이 다릅니다. 차이에 주목하면 전혀 다른 동물이라고 생각됩니다. 하지만 이 그림책에 나온 것은 모두 고양잇과 동물입니다. 서로의 공통점을 많이 찾아내어 모두가 친해졌지요. 어떤 상대라도 다른 점도 있고 공통점도 있을 것입니다. 그런데 사람의 인식 능력은 차이에 강하게 반응합니다. 차이만이 눈에 띄어 '저 사람은 나와 다르다.'라고 경계선을 그어 버립니다.

만약 앞으로 친해지고 싶은 사람이나 관계를 개선하고 싶은 상대방이 있다면, 그 사람과의 공통점을 찾아보는 것은 어떨까요? 전혀 다르다고 생각하는 상대라도 '성별이 같다', '결혼을 했다', '같은 동네에 산다' 등 차이의 장벽을 낮춰 생각하면, 서로의 공통점을 얼마든지 발견할 수 있습니다. 당신이 사이좋게 지내고 싶은 사람은 누구입니까? 놀이하듯이 그 사람과의 공통점을 최대한 많이 찾아 3분 동안 써 보세요.

📖 그림책테라피스트의 한마디

시몬을 비롯한 고양잇과 동물들에 비하면, 사람은 호모 사피엔스라는 종 하나뿐이므로 다른 사람과 생물학적인 차이는 아주 적습니다. 그런데도 차이에만 집착해 대립한다면 좀 슬프지 않을까요? 언어나 문화가 서로 다른 나라에서도 아이들은 같은 그림책을 읽고 즐깁니다. 이런 일이 가능한 이유는 인간에게 공통된 어떤 느낌이 있기 때문이겠지요.

저는 (통역을 통해서입니다만) 한국과 스위스 사람들에게도 그림책테라피 워크숍을 진행한 적이 있습니다. 그룹으로 이야기하는 모습은 (무슨 말을 하는지까지는 모르겠습니다만) 일본이나 한국이나 스위스나 아무런 차이가 없었습니다. 물론 문화나 역사적 배경에 따라 서로의 느낌이 다른 부분은 있었습니다. 하지만 '한국 사람들은 이런 식으로 느꼈습니다.'라거나 '유럽 사람들은 이렇게 받아들였어요.'라고 알려 주니, 좀 더 깊게 그 나라 사람들을 알게 된 듯한 기분이 들어 기뻤습니다. 저는 그림책테라피를 통해 공통점을 많이 찾아 전 세계 사람들과 친구가 되고 싶습니다. 서로의 차이로 대립하는 것이 아니라 차이를 재미있게 여길 수 있는 평화로운 세상을 만드는 것이 저의 꿈입니다.

워크숍 4
돌아보기

지금까지 세 가지 워크숍에서 쓴 자신의 대답을 다시 읽어 보세요. 만약 몇 명이 함께 했다면, 다른 사람의 대답과 비교할 수도 있겠네요. 질문에 대답할 때는 의식이 그쪽으로 집중되어 있지만, 다 끝나고 나면 자신이 쓴 것을 좀 더 객관적으로 볼 수 있습니다.

어떤 걸 느꼈나요? 뭔가 깨달은 것이 있나요? 지금 당장은 아니더라도 며칠 있다가 다시 보면 무언가 보일 수도 있습니다. 깨달은 것이 있다면, 잊어버리기 전에 잘 메모해 둡시다.

워크숍을 마치며

그림책을 계기로 마음에 떠오른 것을 쓰기 시작한 것만으로도 어느 정도 마음이 정리되었을지도 모릅니다. 답이 별로 떠오르지 않는 질문도 있었나요? 안심하세요. '대답할 수 없다', '대답하고 싶지 않다'도 하나의 답입니다. 그림책테라피에서는 어떤 대답도 다 괜찮습니다. 물론 정답은 없습니다. 그림책테라피는 무언가 결론을 내거나 분석하거나 이해하는 것이 아닙니다. 그림책을 계기로 나 자신과 또 누군가와 느낀 것을 서로 드러내어 바라보는 자리입니다. 부정당하거나 논의할 일도 없습니다. 그냥 나온 것을 바라보고, 그것을 재미있게 느끼고, 맛보고, 서로 다가가는 시간입니다.

이 책의 5장에서는 그림책테라피를 함께 하면 좋을 그림책 목록을 준비했습니다. 주제별로 되어 있습니다만, 편의적인 분류이므로 지나치게 구애 받지 마세요. 궁금한 그림책이 있으면 그것부터 읽어 보기 바랍니다. 마음이 움직이거나 뭔가 끌리는 것이 있으면, 꼭 그 그림책을 곁에 두고 몇 번이고 읽어 보기 바랍니다.

가능하다면 소리 내어 누군가에게 읽어 주거나 누군가가 읽어 주는 것을 듣는 것도 추천합니다. 처음에는 이성의 뇌가 이해하려고 일하지만, 여러 번 읽다 보면 아이처럼 이미지의 세계로 점점 더 들어갈 수 있을 겁니다. 제 자신이 그랬거든요. 만약 그림책으로 당신의 인생에도 무언가 변화가 있다면, "이 그림책에서 이런 것을 깨달았습니다!"라고 저에게도 꼭 알려 주세요. 기대하며 기다리겠습니다.

제5장
그림책테라피스트가
처방하는
마음의 약상자

여기에 소개하는 그림책 리스트는 단순한 목록집이 아닙니다. 특히 '나에게 던지는 질문'은 그림책을 계기로 인생을 돌아볼 수 있게 해 줍니다. 매우 중요한 질문들이므로 바로 대답이 떠오르지 않을 수도 있습니다.

질문에 바로 대답하지 않아도, 어쩌면 대답할 수 없어도 괜찮습니다. 당신의 머릿속에 질문을 던져두는 것이 중요하기 때문입니다. 이제부터 그 까닭을 알아보겠습니다.

먼저 당신에게 질문을 할 테니, 이 책에서 눈을 떼지 말고 약 1분만 곰곰이 생각해 보세요.

"지금 당신 주위에는 빨간색 물건이 몇 개쯤 있나요?"

몇 가지가 떠올랐나요? 이제 고개를 들고 주위를 살펴보아도 됩니다. 이것도, 저것도. 계속해서 빨간색이 눈에 들어오지 않나요? 사실 빨간색은 처음부터 쭉 거기에 있었는데, 당신은 알아채지 못했습니다. 뇌가 그 정보를 중요하게 여기지 않았기 때문에 일부러 당신에게 알려 주지 않았으니까요.

또 이런 경험을 한 적은 없나요? 새 차를 사기 위해 꼼꼼히 검

토하고, 심사숙고해서 차종을 정하고 나면, 거리를 지날 때마다 그 차종의 차가 여기저기에서 눈에 들어오는 경우요. 지금까지는 거의 눈에 띄거나 발견되지 않았는데 말이에요.

    사람의 뇌는 우리 의식이 향한 것을 자동으로 찾아 줍니다. 그래서 '나에게 던지는 질문'에 대한 답이 바로 떠오르지 않아도 된다고 말한 것입니다.

    질문을 받은 뇌는 이제 자동으로 답의 힌트를 찾기 시작할 것입니다. 또한 그림책테라피가 더욱 효과적인 것은 그림책의 이야기와 그림과 질문이 단단히 결합하여, 뇌가 굉장히 중요한 정보라고 평가해 주기 때문입니다. 그래서 간단한 책 소개 글을 읽고, 궁금한 그림책은 실제로 찾아보며, 이야기와 그림과 질문을 단단히 묶어 주기 바랍니다.

다음은 그림책 목록을 효과적으로 사용하는 방법입니다. 한 권, 한 권이 그림책테라피의 활동으로 이루어져 있습니다. 목록에 있는 그림책 42권 중에서 다음 항목에 해당하는 그림책을 준비해 주세요.

- 시선이 머문 그림책
- 왠지 마음이 끌리는 그림책
- 그림이 매력적으로 다가온 그림책
- 제목에 눈이 머무른 그림책

이제부터 그림책테라피 활동을 어떻게 하는지 크게 두 가지로 이야기하겠습니다. 이 활동 방법은 10년이 훨씬 넘도록 제가 진행한 경험과 노하우를 바탕으로 정리한 것입니다. 그러니까 저의 전문성을 신뢰하셔도 좋습니다.

그룹 테라피: 몇 명이 모여서 하는 경우

---

1 2~6명 정도가 적당합니다. 참여자가 더 많은 경우는 그룹을 둘로 나눕니다. 먼저 진행자가 그림책을 읽어 줍니다.
   규칙 이야기는 귀로 듣되, 눈은 글자 말고 그림을 봅니다.
   그룹을 나눈 경우에도 그림책은 모두가 함께 듣습니다.

2 그림책 낭독이 끝나면, 각자 느낀 점을 차례대로 말합니다.
   규칙 누군가 말하는 중에는 절대 끼어들지 않습니다.

3 한 사람이 말을 끝내면 박수로 응답해 주고, 다음 사람이 말을 시작합니다.
   규칙 모든 참석자의 말이 끝나면 자유롭게 이야기를 나눕니다.

4 '그림책테라피스트의 가이드'와 '나에게 던지는 질문'을 읽으며 떠오르는 대로 내 생각을 적어 봅니다.
   규칙 질문에 대한 답은 정답이나 좋고 나쁨이 없으므로 나의 느낌을 있는 그대로 씁니다.

5 쓴 내용을 가지고 3번과 똑같은 방법으로 이야기를 나눕니다.
규칙 3번처럼 모두의 말이 끝나면 자유롭게 말할 수 있습니다.
그림책이 여러 권인 경우에는 1~5번을 반복합니다.

6 모든 그림책이 끝나면 한 명씩 소감을 나누고, 감사 인사와 함께 마무리를 합니다.

셀프 테라피: 혼자서 하는 경우

1 그림책을 스스로 읽습니다.
규칙 묵독도 괜찮지만, 가능한 한 천천히 소리 내어 읽으세요. 이때 그림도 꼭 보아주세요. 처음에는 글보다 그림을 먼저 읽는 게 더 좋습니다.

2 내가 느낀 것을 노트에 씁니다.

3 '그림책테라피스트의 가이드'와 '나에게 건네는 질문'을 읽고, 2번에 추가할 내용을 씁니다.

4 그림책이 여러 권인 경우에는 1~3번을 반복합니다.
규칙 나중에 이 그림책을 누군가에게 읽어 주고, 느낀 것을 물어보세요. 그런 다음 내가 쓴 것과 비교해 보면 더욱 효과적입니다.

도움말
✚ 자신의 상태나 모인 구성원에 따라 그림책의 내용이 전혀 다를 수 있으므로, 같은 그림책으로 여러 번 체험해 보기를 권합니다.
✚✚ 특히 혼자서 하는 경우는 같은 그림책을 반복해서 읽는 것만으로도 논리적인 생각에 방해받지 않고, 그림책이 마음 깊숙한 곳까지 스며들 것입니다.
✚✚✚ 같은 그림책으로 진행할 경우, 전에 쓴 글과 새로 쓴 글을 비교해 보는 것도 아주 좋습니다.

지금, 여기: 현재를 살아가기

태어난 아이
큰 고양이, 작은 고양이
아름다운 실수
쿵쿵이와 나
차곡차곡
쌍둥이 빌딩 사이를 걸어간 남자

태어난 아이
사노 요코 글·그림 | 황진희 옮김 | 거북이북스

🌸 이런 책입니다

태어나고 싶지 않아서 태어나지 않은 아이가 있습니다. 태어나지 않은 아이는 날마다 이리저리 돌아다니다 어느 날, 지구에 왔습니다. "어흥!" 사자가 나타나도 무섭지 않았어요. "애애앵." 모기가 물어도 가렵지 않았어요. 태어나지 않았으니 아무 상관이 없었습니다. 어디선가 강아지 한 마리가 태어나지 않은 아이의 냄새를 맡고 따라왔습니다. 강아지가 아이를 핥아도 태어나지 않았으니 간지럽지 않았어요.

마을에 도착하니 사람들이 바쁘게 걷고 있었습니다. 빵 가게에서는 구수한 빵 냄새가 나는데 태어나지 않았으니, 아무 상관이 없었어요. 한 여자아이가 강아지를 데리고 오더니 "안녕?" 하고 인사했지만, 태어나지 않은 아이는 대답하지 않았습니다. 이번에는 태어나지 않은 아이를 따라온 강아지가 여자아이의 강아지를 보고 "멍멍!" 짖었어요. 여자아이가 소리치자 강아지들이 싸우기 시작했습니다. 여자아이가 물렸습니다. 여자아이의 강아지도 태어나지 않은 아이의 팔과 다리를 물었습니다. 여자아이가 울먹이며 엄마에게 달려갑니다. 엄마는 약을 바르고 반창고를 딱 붙여 주었습니다. 태어나지 않은 아이도 반창고가 붙이고 싶어졌습니다. 그리고 마침내 태어났습니다.

🌸 그림책테라피스트의 가이드

태어나고 싶지 않아서 태어나지 않은 아이가 주인공인 이야기입니다. 태어나지 않았으니 모기에 물린다거나 그에게 어떤 여자아이가 인사를 건넨다는 이야기는 좀 이상합니다. '태어나지 않은 아이'라는 표현은 무엇을 뜻할까요?

태어나지 않은 아이는 다친 여자아이에게 엄마가 반창고를 붙여 주는 것을 보고 태어납니다. 태어난 아이가 팔과 다리가 아파서 "엄마, 아파!" 하며 울음을 터뜨리니, 엄마가 달려와서 "괜찮아, 괜찮아!" 하며 반창고를 딱 붙여 줍니다. 태어난 아이는 엄마의 부드럽고 좋은 냄새를 느끼며 안겼습니다. 배가 고파 빵을 맛있게 먹고, 모기에 물리면 가려워하고, 바람이 불면 깔깔깔 웃었습니다.

여기까지 읽고 깨달았습니다. '태어나지 않은 아이'란 감각을 닫은 상태라는 것을요. 무서움이나 외로움이나 아픔에 둘러싸여 있을 때 감각을 닫아 버리면, 아무것도 느끼지 못하겠지요. 그러나 동시에 기쁨이나 사랑스러움, 친근함까지도 차단이 되겠지요.

아무것도 느끼지 못한다는 것은 마이너스도 플러스도 없는 제로만 남은 세계입니다. 그것은 어쩌면 육체를 갖지 않은 영혼과 같은 상태일 것입니다. 작가는 이를 '태어나지 못한 아이'라고 표현한 게 아닐까요?

태어나지 않은 아이도 여자아이처럼 엄마가 붙여 주는 반창고를 붙이고 싶어졌고, 그래서 "엄마!"를 부르며 태어났습니다. 반창고란 상처와 깊이 연관되어 있지요. 상처라는 아픔이 있으니까 기쁨도 느낄 수 있는 거고요. 결국 우리는 아픔도 괴로움도 기쁨도 즐거움도 모든 것을 느끼고 싶어 이 세상에 태어난 것이지요.

아픔과 괴로움이 있기에
기쁨과 즐거움도 느낄 수 있습니다.

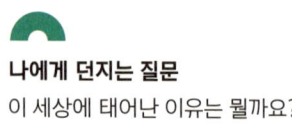

나에게 던지는 질문
이 세상에 태어난 이유는 뭘까요?

큰 고양이, 작은 고양이
엘리샤 쿠퍼 그림·글
엄혜숙 옮김 | 시공주니어

🌸 이런 책입니다

혼자 사는 하얗고 큰 고양이가 있었습니다. 어느 날, 까맣고 작은 고양이가 찾아왔어요. 큰 고양이는 작은 고양이에게 고양이가 어떻게 사는지를 보여주었습니다. 언제 먹고, 언제 마시고, 어디를 가고, 어떻게 놀고, 언제 쉬는지 같은 걸요. 그저 고양이의 본성을 잃지 않고 살아가는 법, 누군가와 교감하는 법을 몸으로 보여주었어요. 까맣고 작은 고양이는 자라고 자라서 큰 고양이가 되었습니다. 하얗고 큰 고양이보다 더 큰 고양이가 되었으니 이제는 더 이상 작은 고양이는 아닙니다.

두 마리는 도시에 살며 날마다 함께 요리하기, 몸을 깔끔하게 하기, 기어오르기, 사냥하기, 모험하기 같은 걸 했습니다. 5분쯤 뒤엉켜 뒹굴고, 함께 꿈을 꾸었습니다. 완벽한 날들이었지요. 몇 해가 지나도 또 몇 해가 지나도 두 고양이는 함께 지냈어요. 어느 날, 늙은 하얀 고양이가 사라지더니 돌아오지 않았습니다. 까만 고양이에게는 힘겨운 일이었습니다. 그러던 어느 날, 새 고양이가 왔고, 다시 큰 고양이와 작은 고양이의 날이 이어졌습니다.

❋ 그림책테라피스트의 가이드

큰 고양이에게서 고양이로 살아가는 법을 배운 작은 고양이는 새로 온 작은 고양이에게 같은 방식으로 알려 줍니다. 하얗고 큰 고양이에서 까맣고 작은 고양이로, 큰 고양이가 된 까만 고양이에서 다시 하얗고 작은 고양이로 삶의 지혜가 전해졌습니다.

이 그림책의 앞표지에는 하얗고 큰 고양이와 까맣고 작은 고양이의 앞모습이 그려져 있고, 뒤표지를 보면 크고 까만 고양이와 작고 하얀 고양이의 뒷모습이 있습니다. 시간이 흘러도 대물림이 이어지고 있음을 보여주려는 시각적인 표현이 아닐까요? 참으로 중요한 살아가는 지혜나 올바른 행실, 생활 방식 등은 말로 가르칠 뿐만 아니라, 행동으로 본보기를 보이고 함께 실천해 나감으로써 다음 세대로 이어집니다.

우리도 오래전부터 조상으로부터 여러 가지를 물려받으며 대를 이어왔습니다. 민족의 역사, 태어난 나라의 문화, 가계의 조상, 그리고 새로운 과학 지식과 견문 등으로부터 다양한 가치관이나 지혜를 받아들이고 다음 세대로 전합니다. 한편, 이어 내려온 것 가운데에는 시대에 따라 이미 불필요한 것이나 부적절한 가치관도 있습니다. 우리는 무엇을 다음 세대에 남기고, 무엇을 우리 세대에서 매듭지을 것인지도 선택해야 합니다.

큰 고양이가 작은 고양이에게 매일의 일들을 가르쳐 주었듯이, 인간이 인간에게 전해야 할 것은 무엇일까요? 많은 것이 떠오르지만, 적어도 미움과 다툼 같은 것은 아닌 게 분명합니다. 우리의 다음 세대를 이어갈 어린이에게 무엇을 전해 줄지 잘 생각해 봅시다. 우리는 그 본보기를 보여줄 필요가 있으니까요.

시간이 아무리 흘러도
계속해서 이어지는 게 있습니다.

나에게 던지는 질문
다음 세대로 꼭 전해 주고 싶은 건 무엇입니까?

아름다운 실수

코리나 루켄 지음 | 김세실 옮김 | 나는별

🌸 이런 책입니다

그림책 제목 가까이에 잉크가 떨어져 있어요. 표지를 넘긴 면지에도 떨어진 잉크 자국이 먼저 눈에 띕니다. 한쪽 눈만 그려진 아이의 얼굴 그림으로 이야기는 시작합니다. 다음 장을 넘기면, 다른 한쪽 눈이 더 크게 그려진 그림과 함께 '앗, 실수!'라고 쓰여 있어요. 이번에는 다른 쪽 눈을 더 크게 그리는 실수를 한 겁니다. 시행착오를 거쳐 동그란 안경을 그려 넣으니 좀 괜찮아 보여요. 이런 식으로 실수한 그림이 다시 괜찮은 그림으로 되어 가는 걸 보여주는 그림책입니다.

조금만 더 소개해 볼까요? 이번엔 팔꿈치는 뾰족하고 목은 너무 길게 그려집니다. 목에는 나풀나풀 레이스와 쪼글쪼글 주름을 달고, 팔꿈치에도 장식을 그리니 나름 괜찮아 보이네요. 아이의 신발과 땅 사이가 너무 떨어져 공중에 떠 있는 것처럼 보이자, 이번에는 롤러스케이트를 그려 넣습니다. 실수는 계속되지만, 그 덕분에 차례차례 새로운 아이디어를 생각해 내고, 결국에는 처음에는 생각지도 못했던 그림이 되어 갑니다.

❋ 그림책테라피스트의 가이드

실수나 실패라는 말에는 부정적인 울림이 있습니다. 학교나 사회에서는 실수하지 않도록, 실패해서는 안 된다고 암암리에 가르치고 있습니다. 그러다 보니 우리는 실수나 실패를 두려워하도록 훈련되어 온 것이 아닐까 하는 생각도 듭니다. 저 역시 실수하고 싶지 않고, 실패도 하고 싶지 않다고 생각하며 살아왔습니다.

이런 우리에게 용기를 주는 인물이 있습니다. "나는 실패하지 않았다. 전구는 천 번의 과정을 거친 발명품이었다.", "실패해도 절대 낙담하지 마라. 그것에서 배우고 계속 노력하라." 이는 발명왕 에디슨이 한 말입니다. 에디슨은 전구를 빛나게 하기 위한 재료를 수천 가지나 시험해 보며 실패를 거듭했습니다. 그러나 그는 "나는 실패한 적이 없다. 단지 무엇이 효과가 없는지 알아낼 수 있는 기회를 가졌을 뿐이다."라고 말했답니다.

실수나 실패는 다른 방법도 있다는 것을 가르쳐 주는 신호입니다. 그리고 실패라고 생각했던 것이 나중에 오히려 다행이라고 생각되는 경우도 있고요. 실수나 실패는 사건의 여러 해석 가운데 하나일 뿐입니다. 같은 사건도 나중에 보면, 의미 부여가 바뀔 때가 종종 있습니다. 그래서 실패라고 미리 단정하지 않아도 됩니다. 실수나 실패가 두려워 아무것도 하지 않는 것이 사실상 유일한 '실패'가 아닐까요? 아무것도 하지 않으면 아무 일도 일어나지 않고, 아무것도 달라지지 않으니까요. 실제로 행동한 사람만이 실수나 실패를 체험할 수 있고, 또 다음에 해야 할 일을 알게 됩니다.

실수라고 포기해 버리면,
그 일은 거기에서 끝나 버립니다.

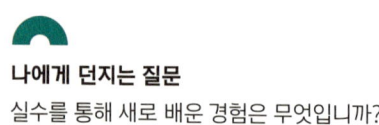

나에게 던지는 질문
실수를 통해 새로 배운 경험은 무엇입니까?

쿵쿵이와 나

프란체스카 산나 지음 | 김지은 옮김 | 미디어창비

🍀 이런 책입니다

쿵쿵이는 나의 오래된 비밀 속 꼬마 친구. 언제나 나를 돌봐 주고 지켜 주지요. 쿵쿵이와 함께라 새로운 걸 찾아다니기도 했고, 무서운 개들이 짖어도 도망치지 않았답니다. 하지만 여기, 새로운 나라에 온 뒤로 쿵쿵이는 더 이상 꼬마 친구가 아니게 되었어요. 쿵쿵이는 커지고 또 커져 꼼짝도 하지 않으려고 했거든요. 학교에 가려고 하면 쿵쿵이는 가지 말라며 나를 짓누릅니다. 쿵쿵이는 새 학교를 싫어해요. 선생님이 내 이름을 잘못 불러서 화가 났거든요. 나는 그냥 실수였다고 생각하는데 말이에요. 쉬는 시간에도 쿵쿵이는 나를 붙잡고 놓아주지 않아요. 그래서 나는 누구도 알 수 없었고, 아이들도 나를 알 수 없었답니다. 나는 날마다 점점 더 외로워졌어요.

어느 날 우리 반 어떤 아이가 나에게 말을 걸어왔어요. 우리는 함께 그림을 그리며 놀았고, 밖에서도 놀았답니다. 그런데 갑자기 개 한 마리가 울타리 사이에서 우리를 보고 짖어 댔어요. 그 아이는 소리를 지르며 재빨리 낯설고 작은 것 뒤로 숨었어요. 그 아이에게도 나처럼 비밀 친구가 있었던 겁니다.

❀ 그림책테라피스트의 가이드

이 그림책의 원제는 *Me and My Fear*입니다. Fear는 공포, 두려움, 무서움이라는 뜻이지요. 그러니 쿵쿵이는 '두려움이나 걱정'의 모습을 형상화한 것입니다. 작은 두려움은 위험을 피하도록 하여 자신을 지킬 수 있게 해 주는 소중한 감정입니다. 그러나 그것이 너무 커지면, 잠을 잘 수 없거나 무기력해지기도 하지요. 타인에 대한 의심스러운 마음마저 들게 하여 결국 자기 스스로를 힘들게 합니다.

이 그림책의 주인공 여자아이는 '새로운 나라'로 오게 됩니다. 이제까지의 삶과 다른 급격한 변화와 맞닥뜨렸음을 말합니다. 결국 작았던 쿵쿵이가 더욱더 커지게 된 것이죠. '모른다'거나 '알 수 없다'는 것은 우리에게 생기는 가장 무서운 일 중에 하나입니다. 그런데 왜 모르는 것이 무서운 것일까요? 어쩌면 부정적인 미래를 상상하기 때문일지도 모릅니다. '비웃으면 어떡하지?', '실패하면 어떡해?', '안 되면 어떡하지?', '미움 받으면 어떡해?'와 같은, 아직 일어나지도 않은 미래를 상상하며 스스로 쿵쿵이를 키우는 것이니까요.

앞으로의 일을 걱정하는 것은 어쩌면 쿵쿵이에게 음식을 주는 것과 같을지도 모릅니다. 그렇다면 알 수 없는 미래를 막연히 걱정하기보다 지금, 눈앞의 일을 마주한다면, 쿵쿵이를 작게 만들 수 있겠지요. 아무것도 하지 않고 걱정만 한다면, 쿵쿵이가 점점 더 커지고 무거워져서 움직일 수 없게 될 겁니다. 모르면 이해하려고 하는 것, 모르는 것을 가르쳐 달라고 하는 것, 못하는 것이 있다면 연습하는 것! 이러한 것들이 쿵쿵이를 작게 만드는 방법이 되지 않을까요?

쿵쿵이가 나왔을 때, 자신은 무엇을 두려워하는지, 그것은 실제로 일어날 것인지, 어떻게 하면 그것을 극복할 수 있을지 등을 생각해서 '지금 당장 할 수 있는 일'을 해 볼 것을 권합니다.

> 앞날을 미리 걱정하지 말고,
> 눈앞의 일을 마주하는 게 낫습니다.

나에게 던지는 질문
내 안에는 어떤 쿵쿵이가 살고 있나요?

차곡차곡
서선정 | 시공주니어

🌸 이런 책입니다

봄, 여름, 가을, 겨울의 흐름에 따라 집 안과 밖의 시간과 다채로운 자연물들이 차곡차곡 쌓여 가는 모습을 개성 넘치는 그림체로 소개하는 그림책입니다.

봄에는 봄꽃 향기와 한낮의 따스함이, 할머니의 부엌 살림과 할아버지의 화초들이 차곡차곡 모여 있습니다.

여름에는 세찬 소나기와 함께 초록빛 풀이, 장마에 눅눅해진 종이들과 새콤한 맛을 찾게 하는 양념 그리고 시원한 수박 화채와 쨍한 여름 햇살, 뜨거운 모래알들이 차곡차곡 있습니다.

가을에는 가을 햇볕과 속이 꽉 찬 채소들, 풀벌레 가득한 들판, 발밑에서 와사삭 부서지는 낙엽들이 차곡차곡 쌓여 있습니다.

겨울에는 방 안에서 조용히 책 읽는 시간들, 차가운 조약돌, 고소한 냄새를 풍기는 붕어빵과 군밤, 고요하게 세상을 채우는 하얀 눈이 차곡차곡 쌓입니다. 한 해가 지나갑니다.

❀ 그림책테라피스트의 가이드

사계절의 평화롭고 아름다운 풍경이 차곡차곡 쌓여 가는 모습을 보며 제가 쌓아온 시간을 생각해 봅니다. 부끄럽기도 하고 후회스러운 시간도 있지만, 오래 기억하고 싶고 생각만 해도 뿌듯한 시간도 있습니다.

오늘 하루, 내게 허용된 시간을 어떻게 보냈나요? 아침부터 밤까지 분주함 속에서도 하루를 충실하게 보낸 저를 칭찬하고 싶습니다. 동시에 조금 더 좋은 생각, 아름다운 것을 보는 시간은 있었나 되돌아봅니다. 이 그림책은 매일의 시간이 쌓여 오늘의 내가 됨을 보여줍니다. 좋았던 시간, 힘들었던 시간, 때로는 의미 없이 보낸 시간조차도 내 안에 켜켜이 쌓여 있습니다. 결코 어딘가로 사라지는 것이 아닙니다.

작가는 "기억들은 어딘가로 흘러가는 것이 아니라 각자의 시간 속에서 쌓여 가는 것"을 그림책 구석구석에 담으며 이렇게 질문합니다. "여러분의 시간 속에서는 무엇이 차곡차곡 쌓여 가고 있나요?"

지금까지 살아온 시간을 돌아보니, 어쩐지 앞으로 살아갈 시간은 조금은 더 잘 살고 싶습니다. 그래서 저는 이 질문을 바꾸어 스스로에게 묻습니다. "어떤 것들로 내 삶을 채워 나가고 싶은가?"

가능하면 좋아하는 것, 해 보고 싶은 것, 의미 있는 일로 삶을 채우고 싶습니다. 그러기 위해서는 내가 어떤 사람인지 더 세밀하게 들여다보는 게 중요합니다. 무엇을 할 때 기분이 좋은지, 나를 불쾌하게 하는 것과 싫어하는 것은 무엇인지, 함께하면 좋은 사람들은 누구인지에 대해서요. 이러한 질문은 나다운 삶은 어떠한지와 연결됩니다. 나의 대답을 하나씩 적어 볼 생각을 하니 가슴이 두근거리며 마음도 바빠지네요. 여러분은 어떤 것들로 자신의 삶을 차곡차곡 채우고 싶나요?

> 매일의 시간이 쌓여
> 오늘의 내가 됩니다.

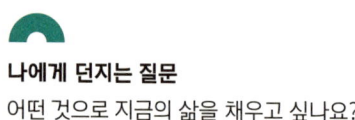

나에게 던지는 질문
어떤 것으로 지금의 삶을 채우고 싶나요?

쌍둥이 빌딩 사이를 걸어간 남자
모디캐이 저스타인 글·그림 | 신형건 옮김 | 보물창고

🌸 이런 책입니다

필립은 외발자전거를 타고 묘기를 부리는 거리의 곡예사입니다. 나무와 나무 사이에 줄을 매고 그 위에서 걷거나 춤을 추는 것이 그가 가장 좋아하는 곡예입니다. 필립은 이번에는 뉴욕에서 가장 높은 쌍둥이 빌딩을 줄로 연결하여 외줄타기에 도전합니다. '보나 마나 떨어질 게 뻔하다.'고 생각하는 경찰이나 빌딩주는 결코 허락하지 않을 것입니다.

그래서 필립은 비밀 계획을 세웁니다. 쌍둥이 빌딩은 아직 완공되지 않은 공사 중인 상태여서, 필립은 기술자인 척 가장하여 도와줄 친구들을 모읍니다. 이제 빌딩에 들어가 준비합니다. 그리고 오랜 시간을 들이고, 시행착오를 거쳐 드디어 두 빌딩 사이에 굵은 전선을 연결합니다.

동틀 무렵, 드디어 필립의 퍼포먼스가 시작됩니다. 빌딩 아래 곳곳에서 바람이 불어 몸이 흔들리지만 조금도 두렵지 않습니다.

오히려 얼마나 행복하고 자유로운지요. 그렇다면 세상 사람들의 반응은 어떠했을까요?

✿ 그림책테라피스트의 가이드

지상 400m의 공중에서 줄타기를 하다니! 저는 절대로 하고 싶지 않은 일 중 하나입니다. 그러나 필립 쁘띠는 1974년 8월 7일에 실제로 쌍둥이 빌딩에 팽팽한 줄을 매고 400m 상공에서 줄타기를 했고, 성공합니다.

공중에서의 그는 마치 '지금까지 내 인생은 이날을 위해 있었구나.'라고 생각하는 듯합니다. 줄 위를 걷는 그는 매우 행복해 보입니다. 필립은 약 한 시간이나 줄 위에서 춤을 추거나 뛰거나 몸을 눕히거나 하면서 자유롭게 보냈습니다. 그러고 나서 빌딩 옥상에서 기다리고 있던 경찰관들에게 체포되지요. 그렇게 커다란 난동을 부렸으니 당연히 잡힐 것을 각오했을 것입니다. 필립은 처벌받을 것을 알면서도 꼭 해 보고 싶다는 간절한 마음을 따른 것이지요.

또 그것을 실행할 만큼의 행동력과 동료를 끌어들일 수 있을 만큼의 열정이 있었던 것은 분명합니다. 뒷일은 생각하지 않겠다는 무모한 행동이 아니라 그 결과와 책임을 모두 짊어질 각오로 자신의 마음과 마주하였기에, 그에게는 아무런 후회가 없었을 거예요. 저는 오히려 그만큼의 각오와 열정을 가지고 도전하고 싶은 게 있다는 점이 부럽기도 합니다. 필립은 자신의 마음에 따라

도전했습니다. 내 모습 그대로 사는 삶이란 바로 마음의 소리에 귀 기울이고, 행동하며, 그 결과에 책임지는 거지요.

실제 행동 여부를 떠나 '아무런 제약도 제한도 처벌도 없다면 마음속 깊이 도전해 보고 싶은 것이 있을까?' 하고 자문자답해 보았지만, 제 대답은 바로 나오지 않았습니다. 언젠가 그 답을 찾을 날이 오겠지요. 그때는 저도 필립처럼 망설이지 않고, 제 마음을 온전히 따르고 싶습니다.

> 자신의 마음을 따르며 사는 방식이
> 나를 온전히 존재하게 합니다.

나에게 던지는 질문
마음속 깊이 도전하고 싶은 것은 무엇입니까?

일과 가치: 나를 실현하기

그들은 결국 브레멘에 가지 못했다

오늘 하루 판다

대주자

곰과 수레

한밤의 정원사

더 커다란 대포를

웃음 가게

너는 특별하단다

그들은 결국 브레멘에 가지 못했다
루리 글·그림 | 비룡소

🌸 이런 책입니다

모범 운전사 당나귀 씨는 나이가 많다는 이유로 회사에서 해고를 당하고, 바둑이 씨는 다니던 가게가 이사를 하는 바람에 더 이상 일을 할 수 없습니다. 야옹이 씨는 눈가에 큰 상처가 있다고 편의점에서 해고를 당하고, 꼬꼬댁 씨는 길에서 두부를 팔다 쫓겨납니다.

이들은 도시를 배회하다 갈 곳이 없어 하염없이 전철을 탑니다. 전철에서 따로 또 같이 우연히 만나지요. 낯선 마을, 어느 집 창밖에서 도둑들이 하는 이야기를 듣게 됩니다. 그들은 함께 만났고, 동물들의 이야기를 들은 도둑들은 깜짝 놀랍니다.

"그러니까, 당신들은 열심히 살았는데도 할 일이 없어졌다는 거예요? 열심히 살아도 소용없네."

깊은 실의에 빠진 동물들과 도둑들은 일단 밥이나 먹기로 하지요. 두부, 김치, 삼각김밥, 참치 캔 등 그들이 지닌 마지막 식자재를 모아 김치찌개를 만듭니다. 함께 먹으며 상상합니다. 만약에, 아주 만약에 힘을 모아 김치찌개 가게를 차렸으면 어땠을까, 그럴 수도 있었겠다고요.

그들은 결국 브레멘에 가지는 못했지만, 마지막 장면에서 다음 단계를 함께 준비하는 모습을 보여줍니다. 희망을 버리지 않은 채로요.

❋ 그림책테라피스트의 가이드

그림 형제의 〈브레멘 음악대〉를 현대적 감성으로 재해석하여 독특한 화면 구성과 세련된 일러스트로 풀어낸 그림책입니다. 〈브레멘 음악대〉는 여러 이유로 버림받은 동물들이 각자의 특기를 살려 브레멘에 가서 음악대가 되려는 우화입니다.

제목부터 브레멘에 가지 못한다는 걸 알려 주는 이 그림책은 현대 사회의 어두운 모습을 담백하지만 위트 있게 그려 냅니다. 점점 어려워지는 취업난에 허덕이는 취업 준비생, 불경기로 생계가 어려워진 자영업자 그리고 사회에서 받아주지 않는 고령자 등 어둡고 우울한 이야기 같지만, 사실 가까운 곳에서 살아가는 우리 가족과 이웃의 이야기입니다.

사회적 약자로 상처 입은 그들은 찌개 가게를 차리는 상상을 하며 다시 희망을 품어요. 이미 가진 게 없고, 세상 밖으로 내몰린 상처를 가진 그들이지만 어깨동무하며 함께 힘을 합쳐 할 수 있는 일을 찾아 출발합니다. 설혹 다시 실패하더라도 시작하려고 합니다. 새 삶을 꿈꾸며 시작하는 지금, 그곳이 그들에게는 브레멘이 아닐까요?

누구나 살다 보면 벽에 부딪히는 순간이 찾아옵니다. 모든 것을 내려놓고, 도망가고 싶고, 없던 일로 되돌리고 싶은데, 불가능하다는 걸 이제는 압니다. 그럴 때는 지지해 주는 가족, 함께 애쓰는 동료, 이웃을 떠올려 봅니다. 큰 숨을 깊이 들이마시고, 다시 한 발 내딛습니다. 아주 천천히, 작은 희망과 용기가 찾아올 것입니다.

절망적인 현실에서도
돌파구를 찾는 건 소중합니다.

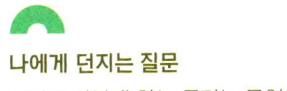

나에게 던지는 질문
다시 도전하게 하는 동기는 무엇일까요?

오늘 하루 판다

오쓰카 겐타 글 | 구사카 미나코 그림
김종혜 옮김 | 키즈엠

🏵 이런 책입니다

이 동물원에서는 판다가 가장 인기가 많아서 다른 동물들은 늘 한가합니다. 호랑이가 심심풀이로 공놀이를 하고 있을 때입니다. 사육사가 "큰일이야!" 하며 달려옵니다. 그러더니 판다가 감기에 걸렸다며 오늘 하루만 판다가 되어 달라고 부탁을 합니다. 호랑이에게 두 손을 싹싹 빌면서요. 호랑이는 할 수 없이 판다처럼 변장을 하고 판다를 연기하게 되었습니다. 판다를 보러 온 많은 관람객의 모습에 점차 자신이 생긴 호랑이는 여러 가지 재주를 보여주었지요.

그런데 너무 신이 난 나머지 호랑이는 나무에서 떨어졌고, 쓰고 있던 판다 머리 탈이 쏙 빠졌습니다. 관람객들은 호랑이에게 속았다는 걸 알고, 실망하여 돌아가 버립니다. 억울한 호랑이는 "왜! 뭐! 호랑이인 게 어때서!" 하며 판다의 머리 탈을 걷어차요. 그런데 그게 사육사의 머리에 '쏙!' 들어갑니다. 그러자 관람객들이 이번에는 아주 즐거워합니다.

🌸 그림책테라피스트의 가이드

호랑이에게 판다 역할을 해 달라는 것은 대단히 무리한 부탁입니다. 애초에 판다의 머리 탈이 준비되어 있었던 것도 이상한 일이지만, 호랑이는 어쩔 수 없다고 생각하며 그 제안을 받아들입니다. 마지못해 맡은 역할이지만, 열심히 하다 보니 새로운 의욕이 생겨 나름대로 즐기기도 합니다. 하지만 의욕이 너무 앞선 탓일까요? 오랜만의 인기에 흥분했던 탓일까요? 호랑이는 결정적인 실수를 저지르지만, 결국에는 발로 차 버린 판다 탈 덕분에 관람객들은 기뻐합니다. 호랑이는 뜻하지 않은 인기를 얻고요.

호랑이에게 공놀이는 그저 심심풀이로 하던 놀이에 불과해 가치 있는 일이라는 생각조차 해 본 적이 없었습니다. 그런데 이제는 사람들이 기뻐해 준다면, '이런 공놀이쯤이야 얼마든지 할 수 있지!'라고 생각합니다. 자신에게는 평범하거나 당연하다고 생각했던 것이 다른 사람들에게는 의외로 매력이나 개성, 능력으로 보일 수도 있다는 걸 알게 되었습니다.

사실 저도 비슷한 경험이 있습니다. 저는 처음 본 그림책도 손에 들면 소리 내어 재미있게 술술 읽을 수 있거든요. 누군가로부터 "이 그림책 좀 읽어 줘."라는 갑작스러운 부탁을 받아도 어렵지 않게 읽어 내기 때문에 모두 깜짝 놀라지요. 하지만 그때까지 저는 '책 읽는 일'이야 누구나 할 수 있다고 여겼습니다. 그런데

책을 읽어 달라는 다른 사람의 부탁 덕분에 제 능력을 새삼 깨달은 것입니다.

우리는 살아가면서 가족, 직장 상사나 동료, 고객 등으로부터 어렵거나 곤란한 부탁을 받을 수도 있습니다. 그렇다고 처음부터 거절하기보다는 일단 맡아서 해 보는 건 어떨까요? 어쩌면 의외의 능력을 발휘하거나 스스로 당연하다고 생각했던 것의 가치를 새롭게 깨달을 수도 있습니다.

누군가의 부탁에서도
깨달음을 얻을 수 있습니다.

나에게 던지는 질문
뜻밖의 기회로 나의 능력이나 재능을 발견한 적이 있나요?

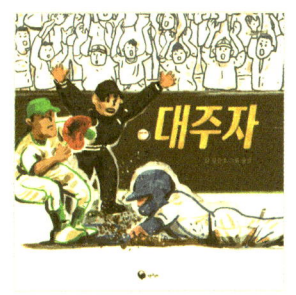

대주자
김준호 글 | 용달 그림 | 책고래

🌸 이런 책입니다

야구를 할 때 가장 행복하다는 야구 선수가 있습니다. 경기가 시작되고, 응원 소리가 경기장을 가득 채웁니다. 하지만 사람들의 박수와 함성은 한 야구 선수에게는 가닿지 않습니다.

이 야구 선수의 포지션은 이미 출루해 있는 주자를 대신해서 뛰는 대주자이기 때문입니다. 대주자는 긴박하게 경기가 진행되는 동안 그라운드가 아닌 벤치에 앉아 기다립니다. 감독이 언제 부를지 몰라 조금도 마음을 놓을 수 없습니다. 지금은 9회 말, 2아웃! 팀의 마지막 타자가 나섰고, 안타를 쳤습니다. 드디어 대주자의 차례가 온 것이지요. 대주자는 달립니다. 1루에서 2루까지 뛰는 데 걸린 시간은 3.5초! 그 짧은 시간이 대주자에게는 오늘 경기의 처음이자 마지막 기회입니다.

🌸 그림책테라피스트의 가이드

야구를 좋아하는 사람이 아니라면, 그 존재를 잘 알지 못하는 '대주자'에 대한 이야기입니다. 대주자는 경기 후반, 박빙의 상황에서 반드시 한 점을 내야 할 경우 이미 출루해 있는 주자를 대신하여 달릴 발 빠른 선수를 말합니다. 1루에 대주자가 서면, 도루를 준비한다는 의미입니다. 따라서 투수의 신경을 분산시켜 좋은 공을 던지지 못하게 하는 전략의 하나이기도 합니다.

그림책 후반부에 그라운드를 밟고 있다가 '지금이다!' 하며 1루에서 2루로 달리는 대주자의 모습이 나옵니다. 화면을 꽉 채운 붉은 배경 속 대주자는 오직 이 순간만을 기다린 만큼 최선을 다해 달리겠지요. 그런데 시각적으로는 슬로 모션처럼 끊어서 대주자를 더 극적으로 보여줍니다. 결과는 세이프! 전략대로 안타가 나오고, 팀은 승리를 거둡니다.

그다음이 의미 깊습니다. 대주자는 놀랍게도 모두가 잠든 밤에 홀로 연습장으로 향해요. 아마도 매일 밤 이렇게 혼자 최선을 다해 노력했겠지요. 운동화 끈을 질끈 묶는 모습에 시선이 꽂힙니다. 만족스러운 미소를 짓고 있네요. 저에게는 이 미소가 자신이 좋아하는 일에 대한 굳은 의지로 다가옵니다.

그림책 속 대주자는 야구를 할 때 가장 행복한 선수라고 처음부터 선언하고 있습니다. 화려한 주목을 받는 타자나 투수처럼 눈에 띄지도 않고, 그 존재를 알아주는 사람도 적어요. 그런데도 그는 자신의 일을 사랑하고, 행복해합니다. 대주자라는 포지션이

야구팀에 필요하듯 세상에서도 그 역할이 필요합니다.

작가는 아마도 대주자처럼 가려진 곳에서 자신의 일과 역할을 묵묵히 해내는 사람들의 이야기를 하고 싶었나 봅니다. 남들이 알아주지 않아도 자신에게 맡겨진 일을 소중히 여기고 책임을 다하는 사람들이야말로 이 세상을 빛내는 주인공이니까요.

내가 하는 일이 무대 위 스포트라이트처럼 주목받지 못하는 일이어서, 내 삶까지 보잘것없이 느껴질 때가 있습니다. 그럴 때는 내가 하는 일이 세상에 어떤 도움을 주는지, 일을 통해 나는 어떤 보람을 얻는지 생각해 봅시다. 틀림없이 어느 곳, 누군가에게는 필요하고 가치 있는 일일 것입니다.

묵묵히 최선을 다해 맡은 일을 하는 사람들이
세상의 주인공입니다.

나에게 던지는 질문
내가 하는 일에서 얻은 보람은 무엇인가요?

곰과 수레

앙드레 프리장 글·그림 | 제닌 옮김 | 목요일

❋ 이런 책입니다

매일 아침 두 팔을 벌려 하늘을 바라보는 곰은 행복했습니다. 빈 수레를 줍기 전까지는요. 이제 곰은 하루 종일 빈 수레 생각만 합니다. 수레를 끌고 다니며 물건을 주워 담기만 했지요. 수레가 가득 차도 곰은 결코 만족스럽지 않았습니다. 더 이상 하늘을 보지 않는 곰은 등도 구부정하고, 무슨 걱정이 가득한 것처럼 힘들어 보였습니다.

어느 날 수레가 무게를 견디지 못하고 부서져 버렸습니다. 수레 안의 물건들이 모두 굴러떨어졌는데도 곰은 아무 소리도 듣지 못했어요. 여전히 무언가를 찾았습니다. 심지어 폭풍이 몰아치는 소리, 나무가 부러지는 소리조차 못 들었어요.

"조심해! 나무가 쓰러져!" 종달새가 곰에게 소리쳤어요. 곰은 깜짝 놀라 수레를 팽개치고 재빠르게 피했습니다. 그제야 고개를 들어 하늘과 나무, 종달새를 올려다보았습니다.

🌸 그림책테라피스트의 가이드

곰은 뒤늦게 깨닫습니다. 너무 오랫동안 하늘을 보지 못했다는 것을요. 종달새 덕분에 목숨을 구한 곰은, 수레를 버려두고 종달새 노래를 따라 천천히 걸었어요. 다시 행복하다고 느꼈습니다. 빈 수레에 무언가를 끊임없이 담으면서도 결코 만족하지 못했던 곰의 모습은 물질주의에 사로잡혀 소비를 멈추지 않는 우리들처럼 보이지 않나요? 또는 자신의 존재감을 '일하고 있음'으로 채우려는 일 중독자처럼도 보입니다.

일 중독자는 하늘 한 번 바라보기, 친구와 천천히 걷기 같은 여유가 없습니다. 일상 속에서 소소한 행복을 못 느끼고, 초조함이나 두려움을 자주 느낍니다. 일을 더 해야 할 것 같고, 하지 않으면 뒤처지는 것 같고, 이렇게 놀아도 되는지 의문스럽습니다. 더, 더, 더 나의 수레를 채우지 않으면, 사람들에게 잊힐 것 같고, 더 이상 어떤 기회도 찾아올 것 같지 않아 걱정도 커갑니다. 하지만 이 길은 본질을 놓치는 삶이 아닐까요?

종달새의 경고 앞에서 정신 차린 곰처럼 우리도 잠시 멈춤이 필요합니다. 무엇을 위해 이 일을 선택했는지, 내가 일하는 방식에서 무엇을 얻고 무엇을 잃는지를요. 제게는 일과 생활이 균형을 이루고 있는지 돌아보게 해 주었습니다.

무엇이든 넘치는 것은 좋지 않다는 사실을 곰의 수레로부터 다시 되새겨 봅니다. 내가 바라는 행복한 삶의 모습에 대해 다시 한번 생각하고, 나의 일하는 방식을 돌아보세요. 예를 들어 '최소한 주말에는 일을 하지 않겠다.'거나 '최소한 가족들과 식사하는 시간에는 업무 메일을 확인하지 않겠다.'와 같은 최저 한계선을 정해 두면 어떨까요? 일 중독에서 벗어나는 작은 실천을 하기 바랍니다.

일에 대한 지나친 몰두는
진정한 삶의 가치와 의미를 잊게 합니다.

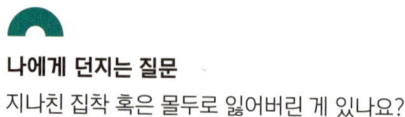

나에게 던지는 질문
지나친 집착 혹은 몰두로 잃어버린 게 있나요?

한밤의 정원사
테리 펜, 에릭 펜 글·그림 | 이순영 옮김 | 북극곰

🌸 이런 책입니다

책장을 펼치면 그림로치 거리는 어둡고, 길을 걷는 사람들은 고개를 숙인 채 걷습니다. 보육원에 사는 윌리엄은 어느 날, 창밖에서 웅성거리는 사람들의 소리를 듣고 서둘러 밖으로 뛰쳐나갑니다. 하룻밤 사이에 부엉이 나무가 완성되어 있었습니다. 누군가 멋진 나무 조각을 만든 것입니다. 마치 마법처럼요. 윌리엄은 밤이 깊도록 부엉이 나무를 바라보다 설레는 마음으로 잠들었어요. 다음 날은 커다란 고양이 조각이 만들어졌고, 매일 밤이 지나면 나뭇가지를 다듬어 만든 새로운 나무 조각이 하나씩 그림로치 거리에 나타났어요. 멋진 나무 조각이 늘어나자 사람들이 더 많이 모여들었어요. 이 작은 마을에 행복한 변화가 생기기 시작했어요. 무채색의 우울한 분위기에서 벗어나 생동감이 돌았어요.

　어느 날 밤, 윌리엄은 낯선 할아버지를 발견하고 뒤를 따라갑니다. 할아버지는 공원 앞에 이르자, 윌리엄을 돌아보며 말했어요. "이 공원엔 멋진 나무가 너무나 많단다. 네가 좀 도와주겠니?" 할아버지가 바로 한밤의 정원사였어요.

🌸 그림책테라피스트의 가이드

정원사는 한밤중에 혼자 나무를 다듬어요. 누구에게도 고맙다는 인사나 보수를 받지도 않는데 말입니다. 마을 사람들은 날마다 새로 나타나는 근사한 나무 조각들을 올려다보며 웃음을 짓습니다. 외로웠던 윌리엄에게도 기적 같은 일이 생겼고요. 우울한 회색빛 마을이 아름답고 생기 넘치게 변했습니다. 이제 사람들은 축제를 즐기고, 행복한 기분으로 지냅니다. 이듬해 봄이 되자 그림로치 마을 풍경은 완전히 달라집니다. 사람들이 스스로 나무를 손질했으니까요.

정원사는 자신이 지닌 재능으로 나무 조각을 만들어 사람들을 더욱 기쁘게 했습니다. 나무 조각은 '그의 작품'입니다. 그가 아무도 모르게 한 행동의 목적이 있다면, 마을 사람들에게 기쁨뿐만 아니라 건강을 선사하려던 것 아니었을까요? 만약 여러분이 정원사 할아버지였다면 어떤 일을 했을까요? 우리 역시 자신이 가진 직업에서 얻은 기술이나 재능, 아니면 타고난 능력으로 다른 사람들에게 기쁨을 선사할 수 있지 않을까요?

저는 요즘 절에서 그림책을 읽는 활동을 하고 있습니다. 이런 모임을 통해 지역의 젊은 사람들이 모이는 기회가 늘었습니다. 절에 오는 사람들이 그림책으로 이야기를 나누며, 자기가 사는 지역을 건강하게 만들고 싶다는 소망을 품고 있습니다. 모임을 할 때마다 지역 활성화나 어른으로서 할 수 있는 일들을 의논합니다. 모두가 손에 그림책을 들고, 웃음 짓는 미래를 그려 봅니다.

일터가 아니더라도
나의 기술과 재능을 사용할 수 있습니다.

나에게 던지는 질문
공동체와 지역을 위해 할 수 있는 건 무엇일까요?

더 커다란 대포를
후타미 마사나오 글·그림
김현주 옮김 | 한림출판사

🌸 이런 책입니다

조상 대대로 물려받은 멋진 대포를 가진 임금님이 있었습니다. 임금님은 이 대포를 매우 좋아했지만, 전쟁 중이 아니어서 발사할 수는 없었답니다. 어느 날, 강에서 함부로 물고기를 잡는 여우를 발견했다는 보고를 받은 임금님은 화가 나서 대포를 쾅 쏘았습니다. 그런데 여우는 왕이 가진 대포보다 더 커다란 대포를 가지고 돌아왔습니다. 당황해서 성으로 달아난 왕은 좀 더 커다란 대포를 만들게 합니다. 하지만 여우도 지지 않고 훨씬 더 커다란 대포를 가져오지요. 이렇게 대포의 크기 경쟁은 점점 치열해졌습니다.

왕은 크기로는 여우를 이겨낼 수 없다고 생각하고, 작전을 바꿉니다. 대포를 얼마나 많이 갖고 있는지, 얼마나 화려한지, 얼마나 재미있게 생겼는지 등등요. 이처럼 왕과 여우의 대포 경쟁은 계속됩니다. 과연 누구의 승리로 끝날까요?

🌸 그림책테라피스트의 가이드

왕은 대포의 크기로는 여우들을 당할 수 없다는 사실을 깨닫자 개수, 디자인, 가벼운 정도 등의 색다른 방법으로 승부를 겨룹니다. 하지만 어느 것이든 여우를 당할 수 없었습니다. 왜냐하면 여우의 대포는 마법으로 만든 가짜였기 때문입니다.

일이나 장사에는 라이벌 혹은 경쟁 상대가 있습니다. '경쟁자보다 100원이라도 싸게 판다.'라는 경쟁심은, 서로의 이익은 줄어들고 마치 누가 먼저 파산하는지를 겨루는 듯한 상황을 만듭니다. 다른 측면으로 생각해서 '고객 만족'으로 승부했다고 합시다. 서비스를 향상하고 차별화를 했다고 생각했는데, 경쟁자도 똑같이 따라 합니다. 이런 식으로 해서는 왕과 여우의 대포 경쟁과 마찬가지가 되지요. 경기 종목을 아무리 바꾼다고 한들 경쟁은 끝이 없는 거니까요.

우리들의 경쟁 상대는 가까운 분야에서 비슷한 일을 하고 있을 것입니다. 그렇다면 목적이나 비전도 서로 비슷하지 않을까요? 예를 들어 제조업이라면 원재료를 공동으로 대량 구입함으로써 서로 비용을 절감할 수 있을지도 모릅니다. 아니면 물류 센터를 공동으로 세울 수도 있고요. 불필요한 경쟁은 서로를 피폐하게 만들며 패배감만 키웁니다. 대포를 낭비하지 않고도, 필요 이상의 힘을 빼지 않고도 일을 효율 있게 하는 방법은 얼마든지 있습니다. 경쟁 상대를 서로 필요한 것을 주고받는 파트너 관계라고 여긴다면, 경쟁으로 인한 불안이나 질투는 사라질 것입니다. 오늘날은 경쟁보다는 협력의 시대가 아닐까요?

그림책의 마지막에 왕은 이미 제작한 대포를 그냥 버릴 수가 없어, 그것을 반으로 쪼개 욕조로 만듭니다. 뒤표지에는 왕과 여우들이 함께 목욕하는 장면이 나와요. 욕조에서 마음이 누그러진 왕이 여우와 화해하고, 앞으로 서로 사이좋게 살기 좋은 나라를 만들어 가자는 이야기를 나누지는 않았을까 하는 상상도 해 보았습니다.

불필요한 경쟁은
일의 효율을 떨어뜨립니다.

나에게 던지는 질문
경쟁 상대와 함께 해나갈 수 있는 일에는 무엇이 있을까요?

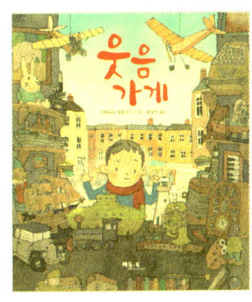

웃음 가게
기타무라 사토시 글·그림 | 김상미 옮김 | 베틀북

🌸 이런 책입니다

야호, 신난다! 드디어 오늘, 그동안 모았던 용돈을 처음으로 쓰는 날이에요. 무엇을 살까요? 거리에는 사람이 가득하고 시장은 복잡해요. 시장에는 가게와 물건도 많고, 멋지고, 맛있고, 재미있고, 신기한 것 등 여러 가지를 팔아서 무엇을 사야 좋을지 망설여져요. 이제 슬슬 결정을 하려는데, 어처구니없는 사고로 그만 돈이 하수구에 빠집니다.

달랑 동전 하나만 남아, 아이는 살 게 거의 없어요. 실망이 커서 고개를 푹 숙이고 걷다가 '웃음 가게'라는 간판을 발견합니다. 웃을 기분은 아니지만, 지금 필요한 건 웃음일지도 모른다는 생각에 아이는 가게에 들어가 "돈이 조금밖에 없는데, 웃음을 살 수 있을까요?" 하고 용기 내어 물어보았어요. 그러자 주인아저씨는 웃음은 돈으로 살 수 있는 게 아니라고 하네요. 분명히 간판에 '웃음 가게'라고 적혀 있는데 말이에요.

🌸 그림책테라피스트의 가이드

웃음 가게는 내부 모습으로 보아 촬영을 하는 사진관 같습니다. 아마 기념사진이나 가족사진을 촬영하고, 인화하여 앨범이나 액자로 만드는 일을 하겠지요. 사진 촬영이나 인화 기술, 기자재, 인화지 등의 대가로 돈을 받을 테고요. 하지만 왜 사진관 이름을 '웃음 가게'라고 했을까요?

사진 촬영을 통해서 고객에게 웃는 얼굴을 전달하는 가게, 고객의 미소를 이끌어내 세상을 밝고 따뜻한 곳으로 만들겠다는 가게 주인의 가치와 비전을 담은 거 아닐까요? 그래서 '웃음을 살 수 있을까요?'라고 묻는 아이에게도 따뜻한 응대가 가능했을 겁니다. 작가 역시 돈으로 살 수 없는 것을 전하고 싶었을 겁니다. 거칠고 각박한 세상을 살아갈 독자에게 희망과 웃음을 주려고요.

일은 '무엇을 위해 하는가'라는 목적을 실현하는 수단입니다. 목적이 분명하면 방법은 얼마든지 바꿀 수 있으니까요.

일하는 목적이
방법보다 우선되어야 합니다.

나에게 던지는 질문
내가 하는 일로 이루고 싶은 세상은 어떠한가요?

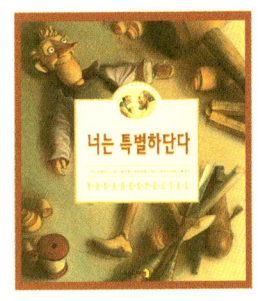

너는 특별하단다
맥스 루케이도 글 | 세르지오 마르티네즈 그림
아기장수의 날개 옮김 | 고슴도치

🌸 이런 책입니다

작은 나무 사람들인 '웸믹'은 모두 서로의 몸에 '표'를 붙이는 일에 열중합니다. 무언가를 잘하는 멋진 웸믹에게는 금빛 별표, 별다른 재주가 없는 웸믹에게는 잿빛 점표를 붙이면서요. 그들은 아침부터 저녁까지 서로에게 표를 붙이며 지냅니다.

주인공 펀치넬로는 잿빛 점표가 잔뜩 붙은 웸믹입니다. 스스로조차 좋은 나무 사람이 아니라고 생각하지요. 어느 날, 금빛 또는 잿빛 그 어떤 표도 붙어 있지 않은 웸믹 루시아를 만나게 됩니다. 어떻게 하면 그렇게 될 수 있는지 물어보니, 모든 웸믹을 만든 목수인 엘리 아저씨를 만나면 된다고 알려 주네요. 엘리 아저씨는 펀치넬로를 기쁘게 맞이하면서 "너는 내게 무척 소중하단다."라고 말합니다. 그 말을 있는 그대로 믿자 펀치넬로에게 새로운 변화가 시작됩니다.

🌸 그림책테라피스트의 가이드

작은 나무 사람들은 금빛 별표가 붙으면 기분이 좋고, 잿빛 점표가 붙으면 마음이 가라앉습니다. 하지만 루시아에게는 별표도, 점표도 붙어 있지 않았습니다. 그것은 다른 웸믹들로부터 받는 평가나 평판에 영향을 받지 않는다는 뜻입니다. 잘 생각해 보면 평가를 하는 것도, 받는 것도 다 같은 작은 나무 사람들끼리 하는 행위입니다. 별표나 점표가 붙어 버리는 즉, 영향을 받는 것은 평가에 신경을 쓰기 때문이겠지요.

그럼, 어떻게 하면 루시아처럼 다른 사람의 평가에 영향을 받지 않고 지낼 수 있을까요? 그것은 남들이 어떻게 생각해도 신경 쓰지 않는 자신만의 확고한 삶의 지침, 목표, 방향성 같은 내면의 중심을 갖고 있으면 되겠지요. 루시아에게는 그 존재가 자신을 만든 일종의 창조주인 목수 엘리 아저씨였습니다. 자신이 정말 아끼는 것이나 존경하는 사람을 기준으로 두면 평가에 연연할 필요가 없어지는 것입니다.

일이나 어떤 역할을 수행하면서 우리는 고객이나 주변 사람들로부터 다양한 평가를 받습니다. 칭찬을 받기도, 꾸지람을 듣기도, 비판을 받기도 합니다. 그때마다 기분이 오르락내리락하면, 다른 웸믹들과 다를 바가 없는 거지요.

이런 불안정한 상태를 벗어나려면 높은 이상과 비전, 또 진심으로 존경하는 사람의 말과 삶의 방식 등 자신이 나아갈 방향을 제시해 주는 '먼 별과 같은 지침'을 가져야 합니다. 멀리 있는 별을 보고 있으면, 발밑의 작고 사소한 비판 따위에는 별로 신경이 쓰이지 않게 마련이거든요. 그 비판을 하는 사람도 바로 우리와 똑같은 사람임을 꼭 기억하기로 해요.

당신을 평가하는 사람도
당신과 크게 다르지 않습니다.

나에게 던지는 질문
타인의 평가에 흔들리지 않는 내면의 지침은 무엇입니까?

차이와 다양성: 다름을 인정하기

공원에서
까마귀 소년
줄무늬가 생겼어요
나는 강물처럼 말해요
통이는 그런 고양이야
마일로가 상상한 세상

공원에서
앤서니 브라운 글·그림 | 공경희 옮김 | 웅진주니어

🌸 이런 책입니다

이 그림책에는 한 공원에서 같은 시간을 보낸 네 사람의 시선에서 본 이야기가 담겼습니다. 멋진 개를 산책시키는 김에 아들도 공원에 데려온 엄마와 실직 중이라 우울한 아빠가 쾌활한 딸과 개를 데리고 공원에 왔습니다. 이렇게 네 사람과 개 두 마리가 같은 공원에 있습니다. 개들은 곧 함께 뛰어다니고, 아이들도 놀기 시작합니다. 개와 아이들은 즐거운 시간을 보냅니다. 하지만 같은 시간을 함께 보낸 부모와 아이들인데, 네 사람의 시각에서 본 공원의 풍경과 느낌은 사뭇 다릅니다. 마치 다른 체험을 한 네 사람의 이야기처럼요.

🌸 그림책테라피스트의 가이드

공원에서 두 마리 개는 금방 친해져서 뛰어다닙니다. 그걸 본 엄마는 '갑자기 꾀죄죄한 개가 나타나더니 우리 개를 괴롭힌다.'고 느낍니다. 아빠는 개를 보며, '내 기운이 그 절반만 되면 좋겠다.'고 중얼거려요. 남자아이는 개들이 노는 걸 보며 부러워해요. 여자아이는 개들과 새로 만난 남자아이와 같이 노니 재미있어합니다. 네 사람은 두 마리의 개가 뛰어노는 모습을 똑같이 보았어요. 하지만 그것을 느끼거나 받아들이는 시선은 다릅니다.

이 그림책은 그림책테라피의 장에서 일어나는 것과 비슷한 상황을 보여줍니다. 같은 그림책을 같은 장소에서 같은 목소리로 읽어도 느끼고 생각하는 것, 받아들이는 메시지는 다릅니다. 모든 사람이 다른 가치관을 갖고, 다른 방식으로 살아가니까요.

사람들은 자신만의 필터로 세상을 보고 해석합니다. 그림책을 읽었을 때와 같은 상황이 일상생활에서도 일어납니다. 같은 뉴스를 봐도, 같은 SNS 게시물을 읽어도, 같은 강연을 들어도 다르게 받아들입니다. 우리가 각자 다를 수밖에 없음을 받아들이면, '다름'은 '흥미로움'이 됩니다. 다른 사람이 보는 세계에 흥미를 가지고 상상하거나 대화를 나누면, 자신의 필터 이외의 선택지가 늘어날 것입니다.

같은 시간과 장소에 있어도
서로 다른 세계를 볼 수 있습니다.

나에게 던지는 질문
지금 같은 곳에 있는 사람이 나와 같은 시선으로 보고 있을까요?

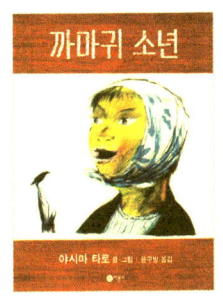

까마귀 소년
아시마 타로 글·그림 | 윤구병 옮김 | 비룡소

🌸 이런 책입니다

아무도 관심을 갖지 않고 몸집마저 작아 모두가 '땅꼬마'로 부르는 소년이 있었습니다. 선생님도 아이들도 다 무서워한 땅꼬마는 제대로 배우지 못했고, 누구와도 어울리지 못했습니다. 땅꼬마는 비가 오나 태풍이 부는 날에도 거르지 않고 학교에 다녔습니다.

누구에게도 관심 받지 못하고 혼자 지내는 법을 터득해 나가는 땅꼬마가 6학년 때입니다. 담임이 된 이소베 선생님은 땅꼬마가 지닌 자연에 대한 지식에 감탄했고, 땅꼬마가 그리는 그림과 붓글씨를 좋아했습니다. 그리고 아무도 없을 땐, 단둘이 이야기를 했지요. 그해 학예회에서 이소베 선생님은 땅꼬마에게 까마귀 울음소리를 내보라고 합니다. 땅꼬마는 다양한 상황에서 우는 까마귀 소리를 흉내 냈습니다. 그 소리는 땅꼬마가 매일 지나다니는 멀고 먼 산자락으로 모두의 마음을 데려갔습니다.

🌸 그림책테라피스트의 가이드

학예회 무대에 땅꼬마가 나타나자 모두 깜짝 놀랐습니다. 땅꼬마의 발표가 끝나자 이소베 선생님은 땅꼬마가 어떻게 까마귀 울음소리를 배우게 되었는지 모두에게 설명합니다. 땅꼬마는 동틀 무렵에 산속 집을 나와 해 질 때쯤 집에 도착하는 날을 여섯 해 동안 하루도 빠짐없이 보냈습니다. 땅꼬마의 까마귀 울음소리와 선생님의 설명은 지금까지 땅꼬마를 못 살게 굴었던 아이들과 학예회에 참석한 마을 어른들까지 감동시킵니다. 모두 눈물을 훔치며 '참 장한 아이' 땅꼬마를 다시 바라봅니다. 이제 아무도 '땅꼬마'라고 부르지 않고 '까마둥이'라고 부릅니다.

만약 까마둥이가 6학년 때 이소베 선생님을 못 만났다면 어땠을까요? 자연에 대한 풍부한 지식과 삶에 대한 지혜도, 까마귀 울음소리를 알아듣는 특별한 감성도, 바보 취급을 받으면서도 학교를 다닌 6년간의 이야기도 아무도 모르게 사라졌을 겁니다.

제가 초등학교에 다니던 50여 년 전에는 학급에 아이들이 참 많았습니다. 지금보다 다양성이 존중받지 못하던 시대였기에, 장애에 대한 인식 또한 몹시 낮았습니다. 지금이라면 발달 지체에 대한 다양한 지원을 받을 수 있는 아이도 드물지 않았다고 생각합니다. 친구들과 한목소리로 리듬이나 음정을 벗어나지 않게 노래하거나, 선생님의 의도대로 그림을 그리거나 과제를 수행하는 것을 싫어하는 아이들이 꽤 있었어요. 마치 '땅꼬마'처럼 제대로 하지 못한다고 따돌림을 당하거나, 선생님께 야단을 맞기도 했습니다. 그들에겐 나름의 독특하고 예민한 감성이 있었을 텐데요. 어릴 적 그 친구들은 지금 어디서 무엇을 하고 있을까요? 이소베 선생님 같은 누군가를 만났을까요? 이 그림책을 보면, 그들을 다시 만나고 싶습니다.

개성적인 말과 행동의 이면에는
특수한 사정이 숨어 있을지도 모릅니다.

나에게 던지는 질문
내 어릴 적 친구들의 다양한 모습은 어떠했나요?

줄무늬가 생겼어요
데이비드 섀넌 글·그림 | 조세현 옮김 | 비룡소

🌸 이런 책입니다

카밀라는 아욱콩을 매우 좋아하지만, 친구들이 모두 콩을 싫어했기 때문에 절대 먹으려 하지 않았습니다. 카밀라는 다른 사람이 자기를 어떻게 생각하는지 언제나 신경을 곤두세웠거든요. 새 학기 첫날, 카밀라는 학교에 입고 갈 옷을 고르다가 거울을 보고 꺅 소리를 지릅니다. 왜냐하면 카밀라의 온몸에 알록달록한 줄무늬가 생겨 마치 무지개 같았거든요.

의사 선생님은 카밀라를 진찰하더니 줄무늬가 생긴 것 말고는 다른 이상이 없기 때문에 학교에 가라고 합니다. 카밀라를 본 친구들은 약을 올리고 웃었습니다. 게다가 카밀라의 몸 색깔과 무늬는 주위 사람들의 말에 따라 마치 텔레비전 채널처럼 획획 바뀌었습니다. 카밀라의 몸에는 희한한 무늬가 생기다가 급기야 자기 방에 녹아들어 갔어요. 의사와 과학자는 치료를 하지도, 뭔가를 알아내지도 못했습니다. 카밀라의 줄무늬병 뉴스를 본 심리

학자, 알레르기 치료사, 약초학자, 영양사, 무당과 늙은 주술사, 종교인까지 병을 고치겠다고 찾아왔습니다. 하지만 카밀라의 모습을 점점 더 끔찍한 상태로 만들 뿐 아무런 도움이 되지 않습니다.

❋ 그림책테라피스트의 가이드

카밀라는 옷을 고르면서 모두가 자기를 어떻게 생각할까에만 몰두했어요. 남의 눈이 신경 쓰이기 때문에 모두와 똑같기만 바랐습니다. 사실은 정말 좋아하는 아욱콩조차도 다른 친구들이 싫어하니까 '먹고 싶다'고 말할 수 없었습니다. 수많은 치료사가 다녀간 뒤 마지막에 나타난 할머니가 끔찍한 몰골을 한 카밀라의 입에 아욱콩을 듬뿍 집어넣었습니다. 그러자 카밀라는 원래 모습으로 돌아왔어요.

남의 시선을 어느 정도 의식하는 건 누구에게나 있는 일입니다. 특히 학교, 일터, 지역 사회와 같은 고정된 인간관계에서는 주위로부터의 평가와 평판이 중요하니 특히 신경이 쓰이지요. 가능한 한 눈에 띄지 않도록, 이상한 사람이라고 생각되지 않도록 행동하는 심리도 이해가 됩니다.

하지만 남의 눈을 신경 쓰느라 자신을 꽉꽉 누르고 남의 평가에 맞추며 사는 걸 언제까지 할 수 있을까요? 억누른 것은 언젠가 어떤 형태로든 터져 나옵니다. 카밀라에게는 몸에 무늬가 생기는 증상이 나타났습니다. 게다가 그 모양은 다른 사람의 말에 영향을 받아 점점 변하기까지 했지요. 작가는 자신을 잃고 타인의 눈, 외부의 평가에 휘둘리는 카밀라의 상태를 판타지를 빌려 과감하게 시각화했습니다.

이 줄무늬병의 치료제는 자신이 진심으로 원하는 것을 표현하는 거예요. 자신을 숨기고 꾸미는 건 임시방편에 불과합니다. 처음부터 조금이라도 자신을 표현하는 편이 나답게 세상을 살아가는 방법이 아닐까요?

자신을 드러내는 것이 바로
진정한 나다움입니다.

나에게 던지는 질문
남의 시선을 의식해 나 자신을 표현하지 못한 경험이 있나요?

나는 강물처럼 말해요
조던 스콧 글 | 시드니 스미스 그림
김지은 옮김 | 책읽는곰

🌼 이런 책입니다

나는 아침마다 나를 둘러싼 낱말들의 소리를 들으며 눈을 뜨지만, 그 어떤 것도 말할 수 없습니다. 그저 웅얼거릴 수밖에 없어요. 소나무의 스-는 입안에서 뿌리를 내리며 혀와 뒤엉켜 버리고, 까마귀의 끄-는 목구멍 안쪽에 딱 달라붙어요. 나는 돌멩이처럼 조용해요.

 오늘은 유난히 발표가 힘든 날이었어요. 아이들은 늘 그랬듯이 내가 자기들처럼 말하지 않는다는 것, 내 얼굴이 이상해지는 것, 겁먹은 내 모습만 쳐다봐요.

 아빠가 나를 데리러 학교에 왔어요. 침울한 내 얼굴을 보더니 "우리 어디 조용한 데 들렀다 갈까?"라며 강가로 데려갔어요. 강따라 조용히 걷다 보니 발표 시간이 자꾸만 떠오르고, 눈물이 차올랐어요. 아빠는 내 어깨를 끌어당기며 "강물이 어떻게 흘러가는지 보이지? 너도 저 강물처럼 말한단다." 하고 강물을 가리켰어요. 나는 강물을 보았어요. 물거품이 일고 굽이치다가 소용돌이치고 부딪쳤어요. 강물도 나처럼 멈췄다 흘러가고 있었어요. 그 뒤로 나는 울고 싶을 때마다, 말하기 싫을 때마다 이 말을 떠올립니다. '나는 강물처럼 말한다.' 아빠는 나에게 평생 잊지 못하는 소중한 말을 건네주었습니다.

❀ 그림책테라피스트의 가이드

캐나다를 대표하는 시인 조던 스콧의 자전적인 이야기입니다. 자신의 생각을 매끄럽게 말할 수 없던 조던에게 '너는 강물처럼 말한다.'고 해 준 아빠의 말이 삶을 어떻게 바꾸었는지 감동적으로 보여줍니다.

또래 아이들처럼 말할 수 없다는 사실은 고통이자 슬픔이었겠지요. 그런 아들에게 아빠는 '많이 연습하면 나아질 것'이라거나 '다음에 더 잘 하라'는 말 대신 굽이치고 소용돌이 치는 강물을 보여줍니다. 아빠는 아이가 말을 더듬는 것이 부족하거나 고쳐야 할 일이 아닌, 강물 같은 자연의 움직임이라는 것을 직시하게 했습니다. 다시 말해 강물의 속도와 소리, 움직임을 보며, 더듬거리며 말하는 것과 비슷한 일들이 자연에도 일어나고 있으니 크게 보라고 일깨워 준 거지요.

그 결과 작가의 말에서 조던은 이렇게 말합니다.

"말을 더듬는 건 두려움이 따르는 일이지만 아름다운 일이에요. 물론 나도 가끔은 아무 걱정 없이 말하고 싶어요. 우아하게,

세련되게, 당신이 유창하다고 느끼는 그런 방식으로요. 그러나 그건 내가 아니에요."

다른 사람들에게 나를 이해시키는 것보다 내가 나를 인정하고 받아들이는 것이 더 중요하다는 걸 새삼 깨닫습니다. 우리는 저마다 부족함이나 서투름을 지니고 삽니다. 완벽한 사람은 없으니까요. 머리로는 이해하지만, 매 순간 다른 사람들과 비교하고 작아집니다. 고치고 싶고, 나아지고 싶고, 완벽해지고 싶습니다. 그럴수록 괴로움도 커질 것입니다. 나의 부족한 점을 '나다움'으로 바라보면 어떨까요? 누구와도 같지 않은 오직 나만이 가진 것에 주목할 때 나다움이 은은하게 반짝일 겁니다. 우선은 있는 내 본연의 모습을 그대로 마주하는 내가 되어 봅시다.

남과 다르다는 것을 받아들일 때
성장할 수 있습니다.

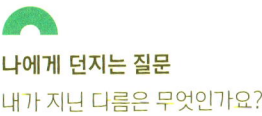

나에게 던지는 질문
내가 지닌 다름은 무엇인가요?

통이는 그런 고양이야

마야 막스 지음 | 김보나 옮김 | 나는별

🌸 이런 책입니다

통이는 고양이입니다. 몸에 줄무늬가 있고, 눈은 초록색, 코는 연분홍색이에요. 많이 먹고, 오줌과 똥도 잘 배설하는 튼튼한 남자 고양이랍니다. 그런데 통이는 다리가 하나 없어요. 빨리 달릴 수 없고, 새를 잡으려다 놓치기도 하고, 친구와 싸워도 뒤쫓아갈 수 없습니다. 하지만 통이는 세 다리로 느긋하게 돌아다니고, 자기 꼬리를 잡기 위해 뱅글뱅글 돌고, 바람 내음을 맡거나 나비를 쫓아다니는 걸 아주 좋아합니다. 통이는 그런 고양이랍니다.

🌸 그림책테라피스트의 가이드

통이의 생김새, 건강 상태나 특징, 좋아하는 것에 대해서 담담하게 들려주는 그림책입니다. 우리가 결점이라고 여기는, 다리가 하나 없다는 사실도 통이에게는 그다지 큰 문제로 보이지 않습니다. 좀 불편한 게 있는 정도로 보일 뿐입니다.

언젠가 청각 장애인이 주인공인 드라마를 보았습니다. 우리가 귀로 듣고 입으로 말함으로써 의사소통을 하는 것과는 달리 눈으로 보고 손으로 말함으로써 의사소통을 하고 있을 뿐 그 주인공은 평범한 연애를 하고, 평범한 직장 생활을 하고, 평범한 삶을 살아갑니다. 아니, 우리들과 별반 다르지 않았습니다. 다만 주위의 시선이 다른 것이지요. 이런 시선을 의식한 주인공이 여자 친구에게 당신도 나를 불쌍하게 생각하느냐고 묻습니다. 그러자 여자 친구는 "귀가 들리지 않는 점은 남들과 다르지만, 자유롭고, 자신만만한 데다 마음이 넓어 부러울 만큼 매력적인 사람이에요."라고 말해요.

그림책 속 통이를 만났을 때 저의 느낌도 같았습니다. 비록 다리 하나가 없지만, 통이는 느긋하게 걸어 다니며 비 오는 걸 바라보기도 하고, 볕이 잘 드는 풀밭에서 잠도 자고, 반짝이는 물결을 바라봅니다. 무엇보다 "아, 좋다, 좋아!" 하며 행복해합니다. 자신의 삶에 만족할 줄 아는 통이가 정말 부러웠어요.

이 그림책을 읽은 어른들과 아이들의 생각을 소개해 보겠습니다. 어른들은 대부분 통이에게 왜 다리 하나가 없는지, 살아가는 데 어려움은 없는지 같은 부족한 부분에 초점을 맞춥니다. 어른들에게 장애는 불편하거나 동정의 대상이라는 생각이 일반적이니까요. 생각이 비교적 말랑말랑한 아이들은 이렇게 후기를 남겼습니다. "밥을 많이 먹는 통이가 우리 집에 오면 좋겠어요. 고양이가 세 마리나 있어서 통조림이 많거든요.", "언제나 기분 좋은 하루를 보내는 통이가 부러워요.", "통이가 좋아하는 건 나도 좋아하는 것이에요."

저 역시 얼마나 고정관념에 사로잡혀 있는지 새삼 깨달았습니다. 다름을 안타까워할 까닭도, 남이 가진 것을 부러워할 까닭도 없다는 걸 말이지요. 또 저마다의 삶에는 소소한 행복이 있음을 깨닫게 해 주었습니다.

다름은
나만의 기준일 수 있습니다.

나에게 던지는 질문
자신만의 기준으로 누군가를 평가하거나 판단하지는 않나요?

마일로가 상상한 세상
맷 데 라 페냐 글
크리스티안 로빈슨 그림
김지은 옮김 | 북극곰

🧡 이런 책입니다

멀리서 작은 불빛이 천천히 움직이며 지하철이 승강장으로 들어옵니다. 문이 열리자 마일로는 누나와 함께 지하철에 올라탑니다. 마일로는 한참을 가야 내릴 수 있는 지하철 안에서 주위를 둘러보며 사람들을 연구합니다. 그 사람들이 어떻게 살아갈까 상상하며 스케치북에 그림을 그리지요. 십자말풀이를 하던 수염 난 아저씨는 어수선한 아파트에서 혼자 카드 게임에 푹 빠져 있을 것입니다. 정장을 차려입고 흠집 하나 없는 나이키 신발을 신은 남자아이가 아빠와 함께 열차에 올라탑니다. 마일로는 마차에 앉은 그 아이를 상상하며 그림으로 그립니다. 집사와 하녀들이 그 아이를 기다리고, 요리사가 식빵 가장자리를 깨끗하게 자른 샌드위치를 갖다줄 것이라 상상합니다.

마일로는 계속 상상을 하다 이번에는 사람들이 마일로를 보면서는 무엇을 상상할지 궁금해합니다. 이제 목적지에 도착했습니다. 마일로의 몇 발자국 앞에서 정장을 차려입은 아이도 걸어가고 있었지요. 지하철 안에서 만난 사람들은 마일로가 상상한 대로의 삶을 살아가고 있을까요? 마일로가 누나와 함께 가는 곳은 과연 어디일까요?

🌸 그림책테라피스트의 가이드

그림책은 마일로의 상상을 좇아가도록 이어집니다. 핸드폰만 보는 누나는 왜 화난 표정을 짓고 있는지, 웨딩드레스를 입은 아가씨는 어디서 결혼식을 올리는지, 브레이크 댄스 팀이 공연이 끝난 후 근사한 동네로 구경 가는 모습도 상상합니다. 그러다 마일로가 내린 곳은 경찰들이 지키고 있는 건물 앞입니다.

 마일로는 한 달에 한 번 감옥에 있는 엄마를 만나러 가는 길이었지요. 이쯤에서 독자들은 한 차례 깜짝 놀랍니다. 감옥으로 엄마를 만나러 가게 되는 상상은 해 본 적이 없어서일까요? 그림을 자세히 보면서 또 한 차례 놀라게 됩니다. 정장을 입은 남자아이의 목적지도 같은 곳이었음을 알게 되거든요. 여러분과 마찬가지로 마일로도 자신이 상상한 모습 그대로일 것이라고 생각하지 않을 겁니다.

 그리고 다시 새 그림을 그려 봅니다. 십자말풀이를 하던 수염 난 아저씨가 가족들과 즐겁게 식사 중인 모습을, 집으로 평범하게 돌아가는 브레이크 댄스 팀의 모습을요. 어쩌면 또 다른 모습일 수도 있습니다.

마일로처럼 우리는 모두 자신만의 스케치북을 가지고 있습니다. 거기에 무엇을 그릴지는 각자의 자유이지요. 하지만 겉모습이나 자기만의 편견으로 무심하게, 때로는 무례하게 다른 사람을 평가하거나 단정 짓지는 않는지 돌아보아야 할 것 같습니다.

　이 책을 번역한 아동문학 평론가 김지은은 이렇게 추천의 말을 남겼습니다. 모두 함께 곱씹어 볼 만합니다.

　"우리에게는 상상의 권리가 있습니다. 하지만 누군가의 삶을 함부로 이야기하지 않아야 하는 의무도 있지요. (…) 이 그림책을 읽으면서 마일로의 삶을 상상합니다. 우리가 상상한 것은 마일로의 모든 것일까요? 슬기로운 답이 책 속에 있습니다."

> 누군가의 얼굴만 보고 알 수 있는 건
> 매우 제한적입니다.

나에게 던지는 질문
편견이나 선입견에 사로잡혀 누군가를 오해한 적은 없나요?

생각의 전환: 바꾸어 생각하기

문 밖에 사자가 있다
코끼리는 왜 그랬을까?
빨간 벽
발레리나 토끼
내가 만난 꿈의 지도
웨슬리나라
여행 가는 날

문 밖에 사자가 있다
윤아해 글 | 조원희 그림 | 뜨인돌어린이

🌸 이런 책입니다
어느 날 주인공 아이는 문 밖에 커다랗고 무서운 사자가 찾아왔다는 것을 알게 됩니다. 예상치 못한 상황에서 '사자'라는 대상을 마주한 주인공의 마음속에는 두 아이가 공존합니다. 노랑이는 사자가 나를 잡아먹지 않을까 하는 불안으로 문 밖으로 절대 나갈 수 없다는 공포에 휩싸여 떨고 있어요. 파랑이는 눈앞의 문제를 극복하고 그래도 밖으로 나가 보려고 하지요. 누구나 있는 두 마음을 또렷한 색채로 대비를, 책의 중심선을 이용해 과감한 화면 구성을 보여주는 그림책입니다.

🌸 그림책테라피스트의 가이드
노랑이처럼 문 밖에 있는 사자가 무섭다고 집 바깥으로 나가지 않는다면 아무것도 할 수 없습니다. 반면에 문을 열고 밖으로 나간 파랑이는 넓은 세상을 볼 수 있고, 그 세상에서 떠오르는 찬란한 태양과 밤하늘의 아름다운 별도 즐길 수 있었습니다.

그림책에서 보여주는 '문 밖의 사자'는 어떤 의미일까요? 다른 사람의 평가나 비판, 넘을 수 없다고 미리 포기한 어떤 벽, 내게 상처를 주었던 어떤 말이나 앞날에 대한 걱정 같은 내 안의 두려움이겠지요. 파랑이는 문 밖에 있는 사자의 존재를 알면서도, 바깥으로 나가려 합니다. 막연히 무서운 모습의 사자를 상상하며 두려워하는 노랑이와 달리, 파랑이는 문 밖에 있는 사자에 대한 정보를 면밀히 분석하여 그 특성을 파악합니다. 물론 그 특성에 따른 대비책도 마련하지요. 이를 테면 사자를 피해 밖으로 나갈 수 있는 체력을 키우고 준비도 하면서 구체적인 실행 계획을 세웁니다. 사자가 무서워 밖으로 나가지 않으면 '나는 아무것도 할 수 없어!'라고 스스로를 다독이면서 말이지요.

이는 두려움을 느끼거나 위기 상황에 맞닥뜨렸을 때, 그러한 장애물을 뛰어넘기 위해서는 자신이 가지고 있는 두려움의 원인과 직면할 수 있는 대담함, 용기, 실행력이 필요하다는 것을 말해줍니다. 만약 문 밖에 사자가 있다면, 파랑이를 닮고 싶네요.

두려움의 실체를 마주하고
미리 준비하는 게 진정한 용기입니다.

나에게 던지는 질문
두려운 상황을 극복한 경험이 있나요?

코끼리는 왜 그랬을까?
이셀 | 글로연

🌸 이런 책입니다

숲속에 사는 커다란 코끼리와 작은 생쥐는 둘도 없는 친구입니다. 어느 날 둘은 술래잡기를 하는데, 아무리 찾아도 생쥐가 보이지 않아요. 코끼리는 생쥐를 찾아 굴속으로 들어갑니다. 그런데 굴이 점점 좁아져요. 도저히 지나갈 수 없을 정도로 좁아지자 코끼리는 힘들고 재미없어 술래잡기를 그만하고 싶어집니다. 그 순간, 생쥐의 비명소리가 들려와요.

이제 술래잡기가 아니라 위험에 빠진 생쥐를 구하기 위해 코끼리는 온 힘을 다해 앞으로 나아갑니다. 덩치 큰 코끼리는 좁디좁은 긴 동굴을 힘겹게 지나느라 무려 길쭉한 뱀 모양으로 변합니다. 코끼리는 처음으로 겪은 모진 고통을 견디고, 기지를 발휘해 생쥐와 함께 굴 밖으로 빠져나옵니다. 생쥐는 코끼리를 보자마자 "어떻게 그 좁은 굴로 나올 수 있었어?"라고 물어요. 코끼리는 과연 뭐라고 대답했을까요?

🌸 그림책테라피스트의 가이드

생쥐의 물음에 코끼리는 "난 그냥 네 생각만 했는데…."라고 답합니다. 코끼리는 오직 생쥐를 구하겠다는 마음으로 자신의 몸이 뱀처럼 가늘어지는 역경을 이겨냈어요. 예상하지 못한 어려움을 맞닥뜨렸을 때, 절망하지 않고 간절한 마음으로 끝없이 노력해서 기적처럼 그 위기를 극복하는 사람들의 모습을 담고 싶었다는 작가의 메시지를 보고, 저는 이 코끼리와 얼마나 닮았을까 돌이켜 봅니다.

힘들고 어려울 것 같다는 두려움과 걱정으로 앞으로 나아가길 포기한 대가는 후회와 죄책감과 자기혐오였습니다. 반면에 코끼리처럼 이루고 싶은 간절한 소망을 품고 묵묵히 견뎌낸 시간 끝에는 기적 같은 성취감이 있었습니다. 우리는 때로 이 길이 맞는지, 내가 하고자 하는 게 옳은 선택인지 불안합니다. 코끼리처럼 간절한 마음과 오직 하고자 하는 일에 묵묵히 최선을 다하는 성실함만이 불안을 이겨낼 수 있는 방법이 아닐까요? 용기와 약간의 무모함을 짊어지고 말입니다. 좁은 굴을 지나온 다음에는 어떤 세상을 맞이할지 기대하며 묵묵히 걸어야겠지요.

절실한 마음이 기적을 불러옵니다.

나에게 던지는 질문
내가 간절히 바라는 것은 무엇인가요?

빨간 벽
브리타 테켄트럽 글·그림
김서정 옮김 | 봄봄출판사

❋ 이런 책입니다

높고 커다랗고 빨간 벽이 있었어요. 끝없이 계속 이어졌습니다. 처음에 어떻게 생겨났는지 아무도 몰랐습니다. 벽이 있는 것조차 모르는 것 같았어요. 하지만 꼬마 생쥐는 궁금했어요. 그래서 벽 너머에 대해 알고 싶었습니다. 벽에 대해 고양이에게 묻자 "벽은 우리를 지켜 줘. 저 바깥쪽은 위험해."라고 대답합니다. 여우는 꼬마 생쥐에게 질문이 너무 많다며 "뭐든 그대로 받아들여."라고 하고, 곰 할아버지는 아주 오래전부터 있어서 기억이 나지 않는답니다. 사자는 "벽 뒤에는 아무것도 없어. 그냥 커다랗고 시커먼 공백이 있지."라고 말합니다.

그러던 어느 날 벽 너머에서 날아온 파랑새를 만난 꼬마 생쥐는 파랑새와 함께 벽을 넘어갑니다. 꼬마 생쥐가 본 것은 생각하지도 못한 세상이었습니다. 어떤 세상이 펼쳐 있었을까요?

🌸 그림책테라피스트의 가이드

이 책의 표지는 처음부터 끝까지 빨간 벽으로 가득 차 있습니다. 앞면지에는 푸르스름한 숲이 있고, 뒷면지에는 똑같은 숲이 환하고 아름답게 변해 있습니다. 파랑새와 함께 벽을 넘어 날아간 꼬마 생쥐가 본 것은 아름다운 세상이었습니다. 파랑새는 "벽 너머 세상이 깜깜하고 으스스할 것이라고 생각한 건 두려워하는 마음으로 봐서 그렇다."고 말합니다.

벽 너머 세상을 모두에게 알려주기 위해 파랑새와 꼬마 생쥐가 돌아오니 그 커다랗고 빨간 벽은 사라지고 없었습니다. 꼬마 생쥐가 벽이 어디로 갔는지 묻자 "처음부터 벽은 없었다."고 파랑새는 말합니다. 그리고 벽의 비밀을 전해 들은 동물들은 차례차례 바깥세상으로 나갑니다.

벽이란 도대체 무엇일까요? 동물들에게 벽의 의미가 다양했듯이 사람이 벽을 만드는 이유도 제각각이라고 생각합니다. 자신을 보호하기 위한 방패 같은 벽이나 보기 싫은 것을 가리는 벽은 인간관계에서 자신이 상처받지 않도록 하는 가림막인지도 모릅니다. 시간이 없다 또는 돈이 없다는 벽을 세우고 사실은 하고 싶은 일을 외면하고 있는 자신을 정당화하고 있을지도 모릅니다. 또 자신에게는 무리한 일이라며 도전조차 하지 않으며 실패를 회피하고 있을 수도 있습니다.

물론 살다 보면 여러 가지 어려움이나 장애 같은 벽에 부딪힐 때가 있습니다. 하지만 그 벽들은 대부분 스스로 만들어 낸 환영에 불과할지도 모릅니다. 스스로 만든 벽으로 자신이 안전하게 보호받고 있다고 생각하지만, 실제로는 자신의 가능성을 가둬 버리고 있지는 않을까요? 그렇다면 좀 안타까운 일입니다.

길고 높은 장벽은
어쩌면 내가 만든 환영일 수 있습니다.

나에게 던지는 질문
스스로 만든 장벽은 무엇입니까?

발레리나 토끼
도요후쿠 마키코 글·그림 | 김소연 옮김 | 천개의바람

🌸 이런 책입니다

아기토끼는 깊은 숲속, 아름다운 음악이 언제나 흘러나오는 곳이 너무 궁금했어요. 어느 날 밤, 살금살금 그곳으로 다가가 보니 아이들이 하늘하늘한 하얀 치마를 입고, 소리에 맞추어 춤을 추고 있었어요. 한눈에 마음을 빼앗긴 아기토끼는 간절히 춤추고 싶었어요. 아기토끼는 조심스레 문을 두드렸고, 선생님이 발레를 배우겠냐고 하자 힘껏 고개를 끄덕였어요.

선생님은 아기토끼가 레슨을 받을 수 있도록 자리를 만들어 주었어요. 아기토끼는 발레를 배우게 되어 정말 기뻤어요. 안 되는 동작도, 실수도 많지만 즐거웠어요. 그 모습을 부러워하던 아기토끼의 친구들도 발레 레슨을 시작합니다.

어느 날, 레슨을 받으러 간 아기토끼들은 평소와 다른 광경에 깜짝 놀랍니다. 곧 아이들의 발레 발표회가 열린답니다. 선생님이 아기토끼들은 참여할 수 없다며 미안해해요. 실망한 아기토끼들은 어떻게 했을까요?

🌸 그림책테라피스트의 가이드

아기토끼는 처음 발레를 보고, 마음이 설레어 용기를 냅니다. 친절한 발레 선생님 덕분에 레슨은 시작했지만, 사람과 아기토끼는 몸의 크기나 구조가 전혀 다르니 아이들처럼 춤을 추는 건 쉽지 않았어요. 하지만 아기토끼는 어려운 난관보다는 춤을 출 수 있는 게 기쁘고 즐겁습니다. 그런 모습이 친구 아기토끼들에게 전달되었는지 춤을 추는 발레 동료가 늘어났습니다.

아이들과 함께 발표회를 못 하게 되었을 때, 한 아이가 "너희들끼리 발표회를 해 보면 어때?"라고 합니다. 아기토끼는 바로 "정말 멋진 생각이야."라며 친구들과 발표회 준비를 시작합니다. 마침내 보름달이 뜨는 밤, 숲속 그루터기 무대에서 토끼 발레단 발표회가 열렸습니다. 아름답고 멋진 무대였지요. 이 모든 건 단 한 명의 '나도 춤추고 싶다.'는 마음에서 비롯되었습니다.

'무언가 해 보고 싶다!'고 생각했다가 금세 그 마음을 억눌러 버리는 건 쉽습니다. 우리들 머릿속은 못 하는 이유를 찾아낼 땐 천재 같으니까요. 이 아기토끼는 '하고 싶다'는 마음의 소리를 따라 용기있게 발레 교실로 들어갑니다. 이처럼 마음의 소리를 따라가면 망설이지 않아도 될 텐데요.

누군가 용기를 내어 실제로 해 본다면, 뒤따라오는 사람들이 생겨 같은 방향으로 나아가는 동료들이 늘어날 것입니다. 그리하여 우리는 미처 생각지도 못했던 새로운 세계로 나아갈 작은 물길을 낼 수 있습니다.

'무언가를 하고 싶다!'라는 설렘은
소중합니다.

나에게 던지는 질문
처음 도전하거나 호기심이 발동하는 세계는 무엇인가요?

내가 만난 꿈의 지도

유리 슐레비츠 그림·글
김영선 옮김 | 시공주니어

🌸 이런 책입니다

주인공 가족은 전쟁을 피해 먼 동쪽의 메마른 나라에 이르렀습니다. 손바닥만 한 방에서 잠을 잤고, 장난감도 책도 없는 채로 살았습니다. 무엇보다 먹을 것이 부족했지요. 어느 날, 아빠가 빵을 사러 시장에 갔습니다. 해 질 때 돌아온 아빠의 손에는 빵이 아닌 커다란 세계 지도가 들려 있었습니다. 주인공 아이는 화가 났습니다. 아빠를 절대로 용서하고 싶지 않았어요.

　다음 날 아빠는 벽에 지도를 붙였어요. 지도는 한쪽 벽을 다 덮을 정도로 컸습니다. 어두운 방이 알록달록한 색으로 환해졌지요. 예상 외로 주인공 아이는 지도에 홀딱 반했습니다. 지도 덕분에 배고픔도 잊고 상상의 세계로 멀리 날아갈 수 있었습니다. 아이는 아빠를 용서했어요. 결국 아빠가 옳았으니까요.

🌸 그림책테라피스트의 가이드

이 이야기는 작가의 체험을 바탕으로 한 작품입니다. 유리 슐레비츠가 네 살 때 폴란드의 바르샤바는 대공습으로 엉망이 되었고, 가족은 폴란드를 떠나 당시 소련에서 6년 동안 살았습니다. 네 살부터 열 살이라는 어린 시기에 장난감도 책도 없이 궁핍한 생활을 했던 것이지요.

식량 대신 지도를 사 온 아빠는 아이들게는 몸의 영양뿐만 아니라 마음에도 영양이 중요하다는 걸 진작에 알고 있었겠지요. 평범한 생각으로 보면, 지도를 사 온 아빠는 무모하기도, 어처구니없기도 합니다. 어쩌면 아빠는 아이의 예술적 재능을 눈치챘거나 씨앗을 심어 주고 싶었을지도 모릅니다. 아이는 벽에 붙은 다채로운 색깔의 지도를 몇 시간이나 싫증 내지 않고 바라보면서 지명으로 시를 짓거나 빈 종이에 베껴 그리거나 상상 속에서 세계를 여행함으로써 힘든 환경과 허기를 견딜 수 있었을 겁니다. 지도 덕분에 상상의 세계를 자유롭게 날아다닐 수 있는 기쁨을 알게 된 주인공은 마침내 세계적인 그림책 작가가 되었습니다.

만약 유리 슐레비츠가 폴란드에서 아무 일 없이 살았다면 그림책 작가가 될 가능성이 적지 않았을까요? 가혹한 현실이 있었기에 마음의 피난 장소로서 상상력을 한껏 발휘했으리라 생각합니다. 자신의 그런 체험이 바탕이 되어 아이들의 상상력을 믿고 그림책을 만들 수 있었던 건 아닐까요?

유리 슐레비츠는 현실이 아무리 불편하더라도 마음만은 자유로울 수 있었습니다. 그것은 결코 현실 도피가 아닙니다. 상상력이라는 날개는 현실을 뛰어넘게 하는 삶의 에너지와 근원적인 힘이 되었을 테니까요. 작가에게는 바로 아버지의 '지도'가 그 문을 열어 주었습니다. 참으로 다행입니다.

상상력은 우리 마음의
날개와 같습니다.

나에게 던지는 질문
내 마음을 자유롭게 해 주는 사물이나 장소, 사람이 있나요?

웨슬리나라
폴 플레이쉬만 글 | 케빈 호크스 그림
백영미 옮김 | 비룡소

✿ 이런 책입니다

웨슬리가 살고 있는 마을은 집이 거의 같은 형태이고 남자아이들의 머리 모양도 정해져 있습니다. 하지만 웨슬리는 마을 아이들과는 여러모로 다른 부분이 많아서 따돌림을 당했고, 부모님은 그런 웨슬리를 걱정했지요. 친구가 없는 웨슬리는 혼자서 꾸준히 무언가를 만들고, 좋아하는 것을 탐구했습니다.

웨슬리가 여름 방학 숙제로 선택한 것은 직접 곡식을 심고 자신만의 문명을 만드는 것이었습니다. 수확한 작물의 열매를 먹고 섬유를 뽑아 옷을 만들고 기름을 짜서 선탠 로션과 모기약을 만들었습니다. 그뿐만이 아니었어요. 혼자 할 수 있는 새로운 놀이와 도구도 고안했지요.

웨슬리가 시작한 재미있는 생활과 놀이를 본 아이들이 점점 모여들었지요. 그러자 웨슬리는 모두가 함께 놀 수 있는 놀이도 생각했습니다. 웨슬리는 숙제의 마무리로 독자적인 문자와 언어를 발명함으로써 이 문명의 역사를 기록하였습니다. 여름 방학이 끝났습니다. 이제 웨슬리의 생활은 어떻게 변했을까요?

🌸 그림책테라피스트의 가이드

여름 방학 숙제로 자신만의 새로운 문명을 만든다는 주제를 떠올린 후 웨슬리는 모든 에너지를 그것을 향해 사용하고, 묵묵히 혼자 작업을 계속합니다. 누구에게도 이해받지 못했지만, 그래도 계속할 수 있었던 것은 오히려 외톨이로 지내는 생활에 익숙했기 때문일지도 모릅니다.

제가 '어른을 위한 그림책테라피'를 시작했을 때의 상황도 웨슬리와 비슷합니다. 처음에는 어른들에게 그림책을 읽어 주려고 하면, 자신을 아이나 바보로 취급한다고 화를 내기도 했습니다. 그림책은 어린아이들을 위한 책이기 때문에 어른들과는 관계가 없다거나 굳이 읽어 주지 않아도 글자를 읽을 수 있으니까 스스로 읽으면 된다고 했습니다. 사람들은 좀처럼 이해해 주지 않았지만 나 자신이 좋아하는 일이었기에 늘 에너지가 넘쳐났습니다. 10년이 훌쩍 넘는 세월을 계속하다 보니 이제는 어느새 해마다 천여 명이 훨씬 넘는 어른들이 그림책 이야기를 들으러 옵니다. 게다가 행복한 미소를 머금고 그림책을 함께 읽습니다.

모두가 같은 일을 계속한다면 세상은 아무런 진보도 변화도 없습니다. 집단의 상식과는 다른 행동이나 사고방식을 가진 사람들이 존재하기 때문에 새로운 역사가 쓰이는 것 아닐까요? 선구자는 주위로부터 이해받지 못하는 경우가 대부분입니다. 어느 정도 성과가 가시화되어야 주변 사람들은 새로운 생각을 인정하기 시작합니다. 웨슬리와 같은 고독한 선구자가 있었기에 우리의 문화와 과학이 진보해 온 건 아닐까요?

> 혼자라도 꾸준히 즐기는 게
> 에너지의 원천이 되고,
> 새로운 세상을 열게 합니다.

나에게 던지는 질문
누구에게도 이해받지 못할지언정 계속할 수 있는 일이 있나요?

여행 가는 날
서영 글·그림 | 위즈덤하우스

🌸 **이런 책입니다**

할아버지 집에 불쑥 손님이 찾아옵니다. 할아버지는 손님을 반갑게 맞고, 함께 먼 여행을 떠나기로 해요. 할아버지는 달걀도 삶고, 목욕도 하고, 수염도 말끔히 깎고, 먼 여행을 갈 채비를 분주하게 하지요. 그리고 아끼던 양복을 꺼내 입고, 장롱 밑에 모아 둔 동전을 꺼내 여비도 준비합니다.

손님은 그곳은 옷도 돈도 필요 없다고 말하지만 낯선 곳으로 떠날 할아버지 마음은 그렇지 않습니다. 손님은 여행지에 도착하면 그리운 사람을 만날 수 있다고 이야기해 줍니다. 드디어 준비가 끝난 할아버지는 손님과 함께 밖으로 나갑니다. 마침 구름 한 점 없어 여행하기 참 좋은 날이었습니다.

🌸 **그림책테라피스트의 가이드**

밤이 꽤 깊은 시각에 손님을 맞이한 할아버지는, 마치 기다렸다는 듯이 그를 반기며 설레는 마음으로 여행 준비를 시작합니다. 인생이라는 긴 여행을 마무리하는 것을 담담하게 받아들이는 할아버지를 보고 있자니 마음 한구석이 뭉클합니다.

할아버지가 먼 여행을 떠나기 위해 준비하는 과정은 다름 아니라 그동안 살아온 날을 평온하게 정리하면서 아름답게 삶의 마무리를 하는 것이지요. 죽음은 단지 슬프고 어두운 게 아니라 자연의 섭리라는 것을 그림책의 마지막 세 장면에 이렇게 그려 놓았습니다. 벚나무에 새롭게 피어나는 싹과 할아버지가 앉았던 의자에 앉은 아이 그리고 남은 사람들이 슬퍼할까 봐 미안해하는 할아버지의 편지로 말입니다.

"걱정 말거라. 나는 그리운 사람을 만나러 가는 거야."

물론 남겨진 사람에게는 소중한 사람이 멀리 가 버리는 것은 슬프고 외로운 일입니다. 하지만 그 소중한 사람은 새로운 여정을 시작하는 것입니다. 언젠가 나도 그곳으로 여행을 가면 소중한 사람이 웃는 얼굴로 나를 반겨 준다고 하지요. 그런 생각을 하면 이 헤어짐을 잘 받아들일 수 있을 것 같습니다.

이 그림책을 보고 나자 저도 주인공 할아버지처럼 삶의 마지막을 두려워하지 않고 즐거운 여행을 떠나는 기분으로 맞이할 것 같았어요. 한결 가벼운 마음으로 정말 여행을 떠나듯이 말입니다. 물론 할아버지는 그동안 충실한 삶을 살아왔기에 죽음 또한 자연스럽게 받아들일 수 있었겠지요.

뒤면지에 담긴 할아버지의 소지품을 보면 할아버지의 하루하

루가 보이는 듯합니다. 살아가면서 매 순간 죽음을 생각할 수는 없지만, 때로는 나의 죽음을 상상하며 삶을 아름답게 마치고 싶다는 생각을 해 봅니다. 죽음을 생각하는 것은 곧 삶을 제대로 살아보겠다고 마음먹는 것과 마찬가지니까요.

죽음을 생각하는 것은
삶을 생각하는 것과 같습니다.

나에게 던지는 질문
삶의 마지막에는 어떤 모습이고 싶나요?

연대와 공존: 더불어 살아가기

빛방울이 반짝반짝

아기 늑대 세 마리와 못된 돼지

알사탕

말의 형태

비틀비틀 아저씨

내가 여기에 있어

핑!

적당한 거리

빛방울이 반짝반짝
윤여림 글 | 황정원 그림 | 나는별

🌸 **이런 책입니다**

봄햇살을 받아 나뭇잎이 반짝일 때마다 빛방울들이 태어나고 자랍니다. 빛방울들은 바람에 실려 이리저리 자유롭게 날아다녀요. 아픈 아기 새, 길 잃은 두더지, 혼자서만 피지 못한 꽃봉오리, 날개 젖은 매미나 고장 난 가로등한테로 가서 그들을 어루만져 생명의 기운을 북돋아 줍니다. 또 빛방울의 따스함으로 사람들의 불화도 서로 화해하고, 꼭 안아 줍니다. 가을이 지나 겨울이 오면, 빛방울은 땅속 나무뿌리 사이로 스며듭니다. 다시 봄이 오면 위로 위로 올라가 나뭇잎을 만나지요. 새 에너지를 가득 받아 다시 세상 곳곳으로 퍼져 나갑니다.

🌸 **그림책테라피스트의 가이드**

글을 쓴 작가 윤여림은 한동안 힘든 시기를 보냈다고 합니다. 전 세계를 휩쓴 코로나 19로 엉망진창이 된 세상과 불안한 미래, 그

안에서 너무나 작은 존재로 살아가는 것에 무력감이 밀려와서요. 그러던 어느 날 새벽에 눈을 뜨니 나뭇잎이 햇살에 반짝이는 이미지가 생각났고, 동시에 고향 언덕길 미루나무 나뭇잎들이 햇살에 반짝이던 장면이 떠올랐다고 합니다. 수십 년이 흘렀지만 햇살, 나뭇잎, 반짝거림으로부터 커다란 위로를 받던 어린 시절을 기억해 낸 작가는 그 풍경을 그림책 씨앗 삼아 이 이야기를 탄생시켰습니다.

    작가의 상상으로 태어난 이야기는 그림작가의 색연필 색감과 필치를 만나 빛방울의 세상 여행을 온기 가득하게 그려 냈습니다. 그림책 곳곳에서 따뜻하게 빛나는 빛방울들을 보고 있으면, 세상 곳곳에서 빛방울들이 팡팡 터지며 날아다니다 머무는 것이 느껴집니다. 동시에 우리 마음속까지 스며듭니다. 내 안에 스민 빛방울을 잘 보듬어, 나 역시 누군가에게 힘을 주어야 하겠다는 소망을 품습니다. 이왕이면 여리고 어두운 곳으로 가 빛방울이 가진 위로와 치유의 힘을 전파하는 사람이 되고 싶습니다. 내가 먼저 다가가 누군가의 빛방울이 되어 준다면, 조금은 더 반짝이는 세상이 되지 않을까요?

우리는 서로에게 힘이 될 수 있어요.

나에게 던지는 질문
누구의 빛방울이 되어 주고 싶나요?

아기 늑대 세 마리와 못된 돼지

헬린 옥슨버리 그림 | 유진 트리비자스 글
김경미 옮김 | 시공주니어

❂ 이런 책입니다

옛날 옛날에 늑대 가족이 살았어요. 어느 날, 아기 늑대 세 마리는 엄마 늑대로부터 이제 세상에 나갈 때라며 당부의 말을 들어요. 셋이 살 집을 짓되, 크고 못된 돼지를 조심하라고요. 아기 늑대들은 길을 떠났습니다.

　얼마 가지 않아 캥거루를 만났어요. 벽돌을 얻어 첫 번째 집을 짓습니다. 바로 다음 날, 돼지가 찾아와 문을 두드립니다. 절대로 문을 열어 주지 않겠다는 아기 늑대들의 말에 크고 못된 돼지답게 쇠망치를 가져와 벽돌집을 무너뜨립니다. 겁이 난 아기 늑대들은 비버에게 콘크리트를 받아 더 튼튼한 집을 짓습니다. 이번에도 돼지가 콘크리트 집에 찾아와서 초인종을 누릅니다. 아기 늑대들이 역시 문을 열어 주지 않자, 이번에는 구멍 뚫는 기계로 집을 부수었어요. 겨우 도망을 친 아기 늑대들은 코뿔소로부터 철사, 철근, 강철판과 커다란 자물쇠를 받아 아주아주 튼튼한 집을 지었어요. 하지만 크고 못된 돼지는 무려 다이너마이트로 집을 폭파해 버립니다.

세 번에 걸쳐 겨우 목숨을 구한 아기 늑대 세 마리는 집 짓는 재료에 문제가 있다고 생각합니다. 자, 아기 늑대들은 이번에는 무엇으로 집을 지을까요?

❋ 그림책테라피스트의 가이드

유명한 옛이야기 『아기 돼지 삼 형제』의 패러디 그림책입니다. 원래 이야기와 달리 돼지와 늑대의 입장이 바뀌고, 맨 먼저 벽돌집을 지은 게 눈에 띕니다. 이 벽돌집에 크고 못된 돼지가 찾아오자, 늑대들은 바로 집으로 도망쳐 자물쇠를 채웁니다. "나 좀 들어가게 해 줘!"라는 돼지에게 절대로 문을 열어 주지 않을 거라고 아기 늑대들은 대답합니다.

사실 크고 못된 돼지와 아기 늑대들은 이번이 첫 만남입니다. 그런데 왜 처음부터 돼지의 방문을 거절했을까요? 아마 '크고 못된 돼지를 조심해야 한다.'라는 엄마 늑대의 말 때문일 겁니다. 어쩌면 돼지는 처음부터 거절당했기 때문에 심술을 부렸을지도 모릅니다.

그런데 부서지는 집에서 아기 늑대들이 도망치는 그림을 자세히 보면, 언제나 찻주전자를 들고 있습니다. 다른 물건은 없고, 오직 찻주전자만 소중하게 갖고 나와요. 크고 못된 돼지가 집으로 들여보내 달라고 할 때도, 늑대들은 문을 열어 주지 않으면서

"우리 집에서 차 마시는 건 꿈도 꾸지 마!"라고 합니다. 앞면지와 뒤면지에도 찻주전자와 찻잔이 가득 있는 것을 보면, 찻주전자 세트는 어떤 중요한 메시지를 담고 있나 봅니다.

찻주전자와 찻잔은 무엇을 상징할까요? 저는 대화와 소통을 말하는 게 아닐까 싶습니다. 보통 차를 함께 마시면, 자연스레 마음이 열리고 이야기가 잘 되잖아요. 늑대들도 사실은 '찻주전자와 찻잔으로 함께 차를 마시며 사이좋게 지내고 싶다.'는 마음이 있었던 건 아닐까요? 엄마로부터 '못된 돼지'라는 말을 듣지 않았다면, 맨 처음 돼지의 방문부터 전개가 달라졌을지도 모릅니다.

이 그림책은 돼지와 아기 늑대들이 찻주전자와 찻잔으로 차를 마시는 평화로운 그림으로 끝납니다. 누구도 다치지 않고 모두 행복한 분위기로요. 세상에서 뭐라고 불리더라도 마주 보며 소통을 하면, 비교적 쉽게 친구가 될 수 있고, 세상은 조금 더 평화로워지리라 생각합니다.

마음을 열고 대화를 나누면,
함께 어울려 지낼 수 있습니다.

나에게 던지는 질문
세상의 평판에도 불구하고 친하게 지내고 싶은 사람이 있나요?

알사탕
백희나 | 스토리보울

🌸 이런 책입니다

동동이는 항상 혼자 놀아요. 친구들이 끼워 주지 않아 구슬치기를 하며 놀아요. 새 구슬이 필요해 문방구에 갔는데, 구슬을 닮은 알사탕이 보입니다. 모두 크기도 색깔도 모양도 다른 알사탕입니다.

맨 먼저 무늬가 눈에 익은 사탕을 먹으니 거실에서 이상한 소리가 들려왔습니다. "동… 동동… 동동… 동동아… 여기야 여기… 여…." 애타게 동동이를 불러대는 목소리의 주인은 낡은 소파였습니다. 리모컨이 옆구리에 끼어서 아프다고, 아빠가 하도 방귀를 뀌는 통에 숨쉬기가 힘들다고 합니다. 알사탕은 소파와 같은 무늬였습니다.

두 번째 알사탕을 먹으니 이번에는 반려견 구슬이가 말을 걸어옵니다. 8년이나 살았지만 이야기를 나눈 건 처음이었지요. 그동안 쌓인 오해를 풀고, 함께 놀았습니다. 잔소리만 퍼붓는 아빠도 속으로는 전혀 다른 말을 중얼거렸습니다. 분홍색 사탕 안에는 풍선껌이 들어 있었어요. 풍선을 불었더니 창문으로 날아갔다 돌아왔어요. 그러더니 돌아가신 할머니 목소리를 들려줍니다. 남은 알사탕은 이제 한 개예요. 이 사탕에서는 어떤 목소리가 들려올까요?

🌸 그림책테라피스트의 가이드

말을 못 하는 소파가 하소연을 하거나, 반려견의 말을 알아듣거나, 말로 꺼내지 않은 속마음에서 새어 나오는 아빠의 목소리가 들려오는 이상하고 신기한 알사탕 이야기입니다. 동동이는 반려견 구슬이가 자신을 미워하는 줄 알았어요. 하지만 구슬이가 단지 나이가 들어서 움직이고 싶지 않다는 걸 알게 되어 오해가 풀립니다. 이제는 구슬이의 속도에 맞춰 함께 놀 수 있습니다. 잔소리만 퍼붓던 아빠도 사실은 자신을 마음속 깊이 사랑한다는 것도 알게 되었고요.

동동이가 가진 알사탕은 녹아서 사라지면 목소리가 들리지 않습니다. 그리고 투명한 마지막 사탕에서는 아무 소리도 들리지 않았습니다. 그래요. 언제까지 사탕을 계속 먹을 수는 없습니다. 알사탕은 생각하는 계기가 되어 줄 뿐이지요.

우리는 날마다 얼굴을 맞대는 아주 친근한 상대라도 어떤 생각을 하는지, 어떤 기분인지 전혀 모를 때도 있습니다. 가까운 관계일수록 오해가 쌓여 대립하거나 갈등이 생기기 쉽습니다. 더 좋은 관계를 이어 나가려면 무엇을 해야 할까요? 그림책에서는

'알사탕'이라는 매개체를 통해 상대방의 속마음을 들려줍니다. 하지만 현실 세계에서는 가까운 사람들의 속마음이나 기분을 알아채기 위해 끊임없이 노력해야 하지 않을까요?

저도 이렇게 말하지만, 상대방의 속마음을 알 수 있는 알사탕이 있으면 정말 좋겠네요. 만약 딱 한 개라도 동동이가 가진 알사탕을 구한다면, 누구의 목소리를 들어보고 싶나요? 가까운 사람의 속마음을 알게 될까 겁도 나지만, 더 잘 이해할 수 있을 테니 기대도 됩니다.

마음속 생각과 드러나는 말이나 행동이
꼭 일치하지는 않습니다.

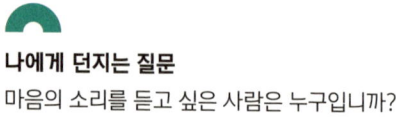

나에게 던지는 질문
마음의 소리를 듣고 싶은 사람은 누구입니까?

말의 형태
오나리 유코 | 허은 옮김 | 봄봄출판사

🌼 이런 책입니다
"만약 말이 눈에 보인다면 어떤 모습일까?" 아름다운 말이 꽃이라면 형형색색 꽃잎이 되어 입술에서 팔랑팔랑 떨어져 내리겠지요. 목소리에 따라 색깔도 달라질까요? 단호한 목소리라면 주황색, 조용한 목소리라면 파란색, 마치 이렇게요. 누군가를 상처 주는 말이 못처럼 생겨서 말할 때마다 뾰족한 못이 입에서 나가 상대방에게 꽂히는 게 보인다면, 꽂힌 곳이나 피로 얼룩진 상처까지 보인다면, 내가 하는 말이 달라질지도 모르겠네요. 내가 하는 말은 어떤 모양, 어떤 색을 띠고 있을까요?

🌼 그림책테라피스트의 가이드
우리는 매일 몇천, 몇만 마디의 말을 하고 삽니다. 말은 눈에 보이지 않지만 확실히 큰 힘이 있습니다. 그런 말을 우리는 너무 아무렇게나 쓰고 있는지도 몰라요. 무심한 말 한마디가 누군가를 위로하거나, 화나게 하거나, 상처를 입힙니다. 대부분은 자신이 의도하지 않은 결과라 깜짝 놀라지요.

상대방이 반응을 보이면 자신이 내뱉은 말의 영향을 깨달을 수 있지만, 대부분의 경우 상대방은 받은 것을 드러내지 않지요. 그래서 보이지 않는 곳에서 어긋남이 쌓여만 갑니다. 대화는 캐치볼에 비유할 수 있어요. 이쪽이 스트라이크를 던졌다고 여겨도 상대가 부딪혔다고 느끼면, 나는 데드볼을 던진 것입니다.

이 그림책처럼 상대에게 미치는 말의 영향이 모양이나 색깔로 눈에 보인다면, 더 신중하게 말을 골라서 하게 될까요? 만약 칭찬을 하려고 건넨 말이 바늘이 되어 상대에게 꽂혀 피가 흐르면, 자신의 의도와 전혀 다른 형태를 마주하면, 아마도 무서워서 아무 말도 할 수 없을지도 모릅니다. 그럼에도 우리는 의사소통 없이는 살아가기 힘듭니다. 그렇다면 '제발 오늘 하루 내 입술에서 꽃잎 같은 말이 전해지기를' 하고 기도하면서 말을 고르고 가릴 수밖에 없어요. 모두가 말로 꽃다발을 만드는 것을 상상하면서 이야기한다면, 이 세상은 분명 더 아름다운 곳이 되겠지요.

말의 색깔이나 모양이 눈에 보이면
사용법이 달라집니다.

나에게 던지는 질문
오늘 내가 누군가에게 건넨 말은 어떤 모양, 어떤 색깔이었나요?

비틀비틀 아저씨
사사키 마키 글·그림 | 황진희 옮김 | 미래아이

🌼 이런 책입니다

아저씨는 친구에게 편지를 부치려고 집을 나섭니다. 그런데 아파트 계단에 있던 공을 밟고 아래까지 미끄러졌어요. 밖으로 나가자 한 여자가 2층에서 카펫을 팡팡 두들겼고, 하필 그때 지나가던 아저씨에게 떨어집니다. 모퉁이를 도는 순간 달려온 많은 돼지와 아이들에게 부딪히고 짓밟힙니다. 우체통에 도착할 때까지 아저씨는 이처럼 몇 번이나 힘든 일에 휘말립니다.

아저씨는 비틀비틀 일어나 겨우 우체통에 편지를 넣어요. 오늘 외출한 목적을 가까스로 이룬 거지요. 공원으로 가서 아이스크림을 샀어요. 이런, 벤치로 가는 길에 아이스크림을 통째로 떨어뜨립니다. 아저씨는 이런저런 불운을 당해도 잘 참았어요. 하지만 이번만큼은 그만 눈물을 터트리고 말았습니다.

🌸 그림책테라피스트의 가이드

몇 번이나 생각지 못한 힘든 일을 겪은 아저씨는 계속 참고 또 참았습니다. 부딪히고 짓밟힌 아저씨는 비틀거리며 공원에 도착했고, 아이스크림을 하나 사서 벤치로 갑니다. 이제야 한숨을 돌리겠구나 싶을 때, 아이스크림을 통째로 떨어뜨리고, 급기야 눈물을 터트리고 말아요.

그림책을 처음부터 읽은 우리는 지금까지의 일들을 알고 있기 때문에, 아저씨가 눈물을 떠뜨린 것도 무리가 아니라고 여깁니다. 그러나 아이스크림을 떨어뜨렸다는 이유만으로 공원 벤치에서 우는 나이 든 아저씨를 본다면, 저라면 별로 다가가고 싶지 않을 것도 같아요. 바로 그때, 아저씨에게 "이거 드세요." 하며 아이스크림을 건네주는 사람이 나타났어요. 더구나 꼬마 아이였어요. 우리처럼 아저씨의 전후 사정을 다 알지도 못할 텐데, 그저 아이스크림이 떨어져 우는 모습만 보고, 아이는 아이스크림을 건네요. 아이가 베푼 친절은 아저씨가 겪은 오늘의 괴로움을 다 씻어 내고도 남을 만큼 위로가 되지 않았을까요? 아저씨는 여자아이와 아이의 엄마에게 정중하게 고맙다는 인사를 합니다.

아저씨처럼 불운이 반복되어, 내가 왜 이런 일을 당하기만 하는지 운명을 한탄하는 날도 있습니다. 또 나만큼 불행한 사람은 없지 싶은 생각도 들고요. 세상에 우두커니 서 있는 듯한 외로움을 느낄 때도 있어요. 이때 말을 걸어 주는 사람, 마음을 써 주는 사람, 위로해 주는 사람이 있다면 얼마나 좋을까요? '나를 지켜

봐 주는 사람이 있구나!' 하고 느낄 때, 누군가와 연결되어 있다는 것을 실감할 때, 우리는 다시 일어설 수 있지 않을까요? 단 한 사람이어도 말이지요.

한편, 나 또한 누군가의 단 한 사람이 될 수 있습니다. 평소에는 멀리서 지켜보고 있다가 무슨 일이 생기면 살며시 다가가서 '여기 있습니다.' 하고 손 내밀 수 있는 단 한 사람 말이지요. 서로가 서로에게 위로가 되어 준다면, 참 좋겠습니다.

> 누군가에게서 받은 작은 위로나 친절이
> 우리를 살아가게 합니다.

나에게 던지는 질문
누군가가 내민 손에 위로 받은 적이 있나요?

내가 여기에 있어
아드리앵 파를랑주 글·그림
이세진 옮김 | 웅진주니어

🌸 **이런 책입니다**

이른 아침, 누군가 소년의 머리를 톡톡 두드려서 잠에서 깹니다. 베개를 들추자 살랑이는 뱀의 꼬리가 보였어요. 소년은 뱀의 몸통을 따라 창문 넘어, 정원 끝을 거쳐 앞으로 점점 나아갑니다. 길을 떠나 모험에 나선 거지요. 도시를 벗어나고, 숲속에서 밤을 맞으며 길에서 세상을 만나요.

마침내 소년은 어두컴컴한 동굴 깊숙이 있는 뱀과 얼굴을 마주하게 됩니다. 뱀은 아무도 자신을 찾아오지 않아서, 친구 없이 오래도록 혼자 지냈다고 쓸쓸하게 고백합니다. 그러자 소년은 뱀이 보지 못했을 뿐, 뱀이 자신의 몸으로 도와주거나 영향을 준 수많은 생명의 모습들에 대해 생생하게 이야기를 들려줍니다.

🌸 **그림책테라피스트의 가이드**

소년의 이야기를 들은 뱀은 천천히 미소 지으며 더 이상 외로움을 느끼지 않았어요. 혼자 외롭게 지낸다고 생각했지만, 사실은 자신도 모르는 사이에 누군가와 관계를 맺고 있었던 것입니다. 어떤 사람을 연인으로 만들어 주거나 가냘픈 풀을 행인들의 발길로부터 보호해 주기도 했고, 누군가에게 비를 피할 우산이 되어 주기도 했던 거지요. 지친 여행자가 뱀에 기댄 채 잠을 청하기도 하고, 둥지에서 떨어지는 알이 깨지지 않도록 안전하게 받아 주기도 하면서요. 뱀은 이처럼 자신이 누군가에게 도움을 주고, 의지가 되어 주었다는 걸 소년 덕분에 처음 알게 되었습니다.

뱀을 발견하고, 관찰하며 끝까지 찾아간 소년 역시 대단합니다. 누군가의 존재 가치를 발견하는 자세 또한 배울 만하고말고요. 소년 역시 뱀의 꼬리가 잠을 깨워 준 덕분에 뱀의 몸통을 따라가며 세상을 배웠지요. 서로의 존재를 알지 못했다면 아마 소년은 집 안에서만 보내고, 뱀은 여전히 홀로 외롭다는 생각으로 지냈겠지요.

뱀과 소년이 서로 교감하는 걸 보며 저는 삶의 의미를 느낀 한 순간이 떠올랐어요. 바로 누군가에게 필요한 존재라는 걸 알게 되었을 때였어요. 제가 하는 일이 잘되지 않아 의기소침하던 시기가 있었어요. 그런데 뜻밖에도 제가 도전하는 모습에 용기를 얻었다는 지인의 메시지를 받았습니다. '결과에 연연하기보다는 지금 할 수 있는 일을 찾아 꾸준히 도전하고, 천천히 나아가는 사람'이라고요. 그런 내 모습을 보며 자신도 머무르지 않고 하고 싶었던 일을 향해 도전할 수 있었다고 말해 주었답니다. 물론 가장 큰 위로와 용기를 얻은 건 바로 저였지요.

그 지인은 평소에도 주위 사람들에게 따뜻한 말과 용기를 주는 모습을 자주 보여주곤 했어요. 지인의 메시지 덕분에 지금 겪는 고통은 끝이 아닌 과정일 뿐이라는 것을 새삼 깨닫고, 멈추지 않고 다시 용기 내서 계속할 수 있었습니다. 누군가로부터 들은 "너는 ○○한 사람이다."라는 말은 위로와 용기를 얻는 마법과도 같습니다.

우리는 알게 모르게 연결되어
서로 영향을 주고받으며 살아갑니다.

나에게 던지는 질문
내가 누군가에게 준 선한 영향력은 무엇일까요?

핑!
아니 카스티요 글·그림 | 박소연 옮김 | 달리

🌸 이런 책입니다

빨간 옷을 입은 아이가 파랑 채를 들고 등장합니다. 그리고 초록 옷을 입은 아이는 빨간 아이가 보내는 '핑' 신호에 맞춰 '퐁'을 합니다. 주거니 받거니 하는 핑퐁 게임 같은 이야기가 펼쳐집니다. 하지만 나의 '핑'에 내가 원하는 '퐁'이 돌아오지는 않습니다. 환한 웃음을 건네는 '핑'을 보내도 상대방은 환한 웃음이 아닌 미소만 짓거나, 두려워하거나, 언짢음, 무반응의 '퐁'을 보낼 수도 있어요.

'퐁'은 내가 아닌 상대방의 마음이고 내가 정할 수 없는 일이니까요. 상대방이 내가 생각했던 것과 다른 '퐁'을 건넸어도 많이 실망하지 말아요. 내가 온 마음을 다해 '핑'을 했다면, 마음을 열고 '퐁'을 기다리면 돼요. 그리고 가만히 귀를 기울여 봐요. '퐁' 안에 다양한 의미가 담겨 있을 거예요.

🌸 그림책테라피스트의 가이드

우리는 다양한 의사소통 수단으로 누군가와 연락을 주고받으며 살아갑니다. 눈과 눈을 마주치며 전해지는 마음도 있지만, 지구 반대편에서 전파를 타고 전해지는 마음도 있습니다. 놀라울 정도로 수많은 방법으로 다양한 마음이 전해지고 있지요. 더 멀리, 더 자주, 더 많은 사람과 생각을 주고받지만, 문득 더 외롭고, 더 소외감을 느끼기도 합니다. 때로는 의도와는 전혀 다른 방향으로 오해를 받기도 하고, 내 마음이 온전히 전해지지 않아 당황스럽기도 하지요.

이런 시대에 가장 필요한 것이 어쩌면 '마음을 온전히 전하는 방법'이 아닐까 종종 생각합니다. 그런데 과연 마음을 온전히 전하는 방법이 있을까요? 그림책 『핑!』에서는 나는 오직 '핑'만 할 수 있고, 상대는 '퐁'만 할 수 있습니다. 내가 어떤 의도를 가지고 발신을 하더라도, 그것을 받아들이는 것은 상대의 몫이라는 것입니다. 그러니까 내가 기대한 '퐁'이 아니어도, 그 안에는 다양한 의미가 담겨 있을 테니, 마음을 열고 '퐁'을 받아들이라고 합니다.

인간관계에서 가장 힘든 일이 바로 '내 맘 같지 않음'을 느낄 때일 겁니다. 나는 긍정적인 피드백을 바라며 기쁜 마음으로 '핑'을 했는데 예상치 못한 '퐁'이 오면, 관계가 뒤틀리기 시작합니다. 서운함과 안타까움, 급기야 괘씸함까지 느끼며 돌이킬 수 없는 관계로 치닫곤 하지요.

이 그림책에는 주목할 메시지가 있어요. 내가 바라는 대로 답이 오는 것을 기다리기보다 어떤 생각을 누구에게 어떻게 전하고 싶은지를 진지하게 생각해 보라는 것이지요. 그것이 이 책의 부제처럼 '자유롭게, 용감하게, 현명하게' 살아가는 법입니다. 우리가 기억할 건 다양한 '퐁'을 원하면, 먼저 많은 '핑'을 해야 한다는 것입니다. 온 마음으로 '핑'을 했다면, 그다음은 '퐁'에 담긴 의미를 발견하는 것이고요.

> 다양한 '퐁'(반응)을 원하면,
> 먼저 많은 '핑'(도전, 시도)을 해야 합니다.

나에게 던지는 질문
나는 소중한 사람들에게 어떤 '핑'을 하나요?

적당한 거리
전소영 | 달그림

🌸 이런 책입니다

이 그림책은 "네 화분들은 어쩜 그리 싱그러워?"라며 시작합니다. 여기에는 다양한 식물이 나옵니다. 물을 좋아하는 식물, 물이 적어도 잘 사는 식물, 일광욕을 좋아하는 식물, 음지에서도 잘 자라는 식물…. 싱그럽게 자라는 비결은 바로 '적당함'이랍니다. 적당한 햇빛, 적당한 흙, 적당한 물, 적당한 거리가 필요하다고요. 마치 우리 사람들 사이처럼요. 지나친 관심은 너무 많은 수분 때문에 뿌리를 무르게 하고, 멀어진 마음은 뿌리를 마르게 합니다. 가끔은 가지치기를 해 중심을 단단히 잡게 하고, 분갈이를 해 기지개를 켤 수 있게 해 주어야 하지요. 바람을 맞게 하고, 추위를 피해 따뜻한 곳으로 옮겨 주고, 적당한 때에 거름을 주는 등 도와주는 일도 포함하지요. 안다는 것은 매일매일의 성장과 변화를 이해하고 있다는 것. 안다는 것은 서두르지 않고 기다리는 것. 한 발자국 물러서 돌볼 때와 내버려둬야 할 때를 알아가는 것. 그것이 바로 적당한 거리입니다.

🌼 그림책테라피스트의 가이드

식물을 잘 키우지 못하여 늘 실패를 하는 저에게, 식물 키우기 가이드북처럼 다가온 그림책이기도 합니다. 식물 키우기에서 가장 중요한 것을 알려 주었거든요. 바로 '적당한 거리'였지요. 물을 너무 많이 주어 뿌리가 무르기도 했고, 잠시 바쁘다는 핑계로 돌보는 것을 게을리하면 어김없이 말라 버렸습니다. 뿌리가 화분에 꽉 차서 더 큰 화분으로 옮겨 주어야 하는 시기를 놓쳐 죽게 한 적도 있습니다. 저는 식물 키우기에는 소질이 없다고 생각했지만, 사실은 거리 조절에 실패한 것이었습니다. 그런데 거리 조절은 식물 키우기만의 이야기가 아닙니다.

사람과 사람 사이에서도 거리 조절이 필요했습니다. 식물 키우기에서 느꼈던 것처럼 저는 인간관계를 맺는 것이 서툴고 힘들어서 좌절하기도 했습니다. 너무 다가섰다가 상처를 받기도 했고, 거리감이 느껴진다며 서운하다는 소리를 듣기도 했습니다.

아이가 사춘기에 들어섰을 때 '적당한 거리'의 필요성을 가장 크게 느꼈습니다. 지나친 관심으로 아이와 관계가 틀어졌다는 사례를 접했던 저는, 최대한 아이에게 자유를 허용하고, 부딪힐 일이 없도록 거리를 두었습니다. 다 큰 아이처럼 행동하는 아이에게 스킨십도 예전처럼 할 수 없었고요. 사춘기 소녀에게는 거리를 두는 것만이 최선이라고 생각할 무렵, 평소처럼 방에 혼자 있는 아이를 보며 조용히 문을 닫았어요. 그런데 "엄마, 나 좀 안아 줘."라고 아이가 말을 걸어왔습니다. 그러더니 엄마 냄새 오랜만이라고 하지 않겠어요? 가끔은 사춘기 아이도 유아기 시절처럼 살을 맞대고 심장 소리를 듣고 싶어 한다는 걸 그때 알았지요.

길게 늘어진 가지는 잘라 주어야 더 튼튼해지고, 필요할 때 새로운 흙을 마련해 주어야 식물들이 기지개를 켭니다. 인간관계도 적당한 거리가 필요함을 어렴풋이나마 알아 갑니다. 서로에게 집중하면서도 서로를 방해하지 않는 나와 그 사람의 적당한 거리는 서로의 관계를 더욱 건강하게 만들어 준다는 걸 이제는 잘 압니다.

적당한 거리는 상대를 배려할 수 있는
최소한의 거리입니다.

나에게 던지는 질문
상대와 적당한 거리를 유지하려면 무엇을 먼저 해야 할까요?

가까운 행복: 행복을 찾아가기

내가 예쁘다고?
작은 조각 페체티노
밀림에서 가장 아름다운 표범
작은 배추
이 세상 최고의 딸기
키오스크
태어나는 법

내가 예쁘다고?

황인찬 글 | 이명애 그림 | 봄볕

🌸 이런 책입니다

나는 옆자리에 앉은 김경희로부터 이런 말을 듣습니다. "되게 예쁘다." 작은 목소리지만 똑똑히 들었어요. 그리고 나의 고민은 그때부터 시작됩니다. "예쁘다는 게 뭘까?" 수업 중에도, 친구들과 함께 있을 때도, 방과 후 축구 교실에서도 계속 궁금했어요. 거울 속에 비친 나를 잘 살펴보니 코도 오뚝하고, 눈도 초롱초롱한 게 예쁜 데가 있는 것 같아요. 집에 오는 길에 할머니는 "노을이 너무 예쁘다."고 하네요. 맞아요, 할머니도 나를 볼 때마다 '잘생긴 내 새끼'라고 합니다. 어쩐지 마음이 간질거려요. 누군가에게 '예쁘다'는 말을 듣고 나니 밥도 더 맛있고, 좋은 꿈도 꾸고, 기분 좋은 아침을 맞이하게 되네요.

다음 날 학교에서 김경희와 송미주가 나누는 이야기를 듣고 나는 얼굴이 뜨거워졌습니다. 김경희가 예쁘다고 한 것은 내가 아니라 밖에 핀 벚꽃이었어요. 너무 부끄러워 교실 밖으로 나왔는데 바로 돌아갈 수가 없었어요. 달음박질을 하다 고개를 들었어요. 꽃나무에는 작고 귀여운 분홍색 꽃들이 잔뜩 피어 있었어요. 꽃은 아주 예뻤고, 어째서인지 나는 기분이 조금 좋아졌어요.

❋ 그림책테라피스트의 가이드

주인공 남자아이는 김경희가 무심코 뱉은 '예쁘다'는 말을 듣고 그때부터 "예쁘다는 게 뭘까?"를 찾습니다. '예쁘다'는 말이 주는 기분 좋음, 설렘, 간질거림을 느끼며 밥도 더 맛있고, 좋은 꿈도 꿉니다. '좋다', '예쁘다' 같은 감정은 이렇듯 말로는 잘 설명할 수 없지만 단조롭던 일상에 작은 떨림을 줍니다.

남자아이는 타인의 평가뿐 아니라 자기 안에서 스스로의 예쁨을 잘 살펴보아요. 또 노을처럼 주변에서 발견하기도 하고요. 예쁨을 찾던 그 순간들이 행복한 시간이었음은 아주 분명합니다. 남자아이는 김경희가 말한 '예쁨'의 대상이 자신이 아닌 벚꽃이라는 사실을 알고 부끄러움을 느끼지만, 그 꽃을 올려다본 순간 '이게 예쁘다는 걸' 단박에 알아챕니다. 더구나 예쁜 건 기분이 좋다는 것도 처음 경험하지요.

이 그림책의 글을 쓴 황인찬 시인은 "무엇인가가 좋다는 것을 알아차리는 것도 능력이지요. 때로 시는 우리가 무심코 지나치던 영역에서 좋은 것을 발견하는 일이기도 합니다."라고 말합니다. '무심코 지나치던 영역에서 좋은 것을 발견하는 일'은 이 그림책을 만나도 일어납니다. 그림책을 덮고 나면 나와 내 주변의 예쁨을 찾고 싶어지거든요. 무심코 지나쳤던 우리의 일상 속에서 예쁨을 찾아보는 것은 어떨까요? 단조롭던 일상에 작은 행복이 깃들 것입니다.

행복은 스스로 좋아하는 것을
하나씩 발견해 나갈 때 찾아옵니다.

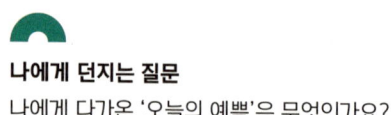

나에게 던지는 질문
나에게 다가온 '오늘의 예쁨'은 무엇인가요?

작은 조각 페체티노
레오 리오니 그림책 | 이상희 옮김 | 보림

🌸 이런 책입니다

작은 조각 페체티노는 스스로를 하찮은 존재로 여겼어요. 틀림없이 누군가의 작은 조각일 거라고요. 페체티노의 친구들은 모두 덩치도 크고 용감하며 멋진 일을 척척 해냈거든요. 페체티노는 자신이 과연 누구의 조각인지 확인하고 싶어서, 그 '누군가'를 찾아 나섭니다. 만나는 친구들한테 "내가 너의 작은 조각일까?" 하고 물어도 나한테서 조각이 빠졌을 리가 없다는 똑같은 대답만 돌아왔어요.

마침내 페체티노는 '지혜로운-이'를 만나 '쿵쾅섬'이라는 곳에 가 보라는 말을 듣습니다. 힘든 여정 끝에 쿵쾅섬에 도착한 페체티노는 기진맥진한 나머지 발을 헛디뎌 굴러떨어졌고, 그는 산산조각이 나 뿔뿔이 흩어졌습니다. 페체티노는 그제야 자신도 다른 이들처럼 작은 조각들이 모여서 만들어진 것을 알게 되었지요.

🌸 그림책테라피스트의 가이드

페체티노의 친구들은 모두 자신에게는 부족한 부분이 없다고 말합니다. 이 그림책에 등장하는 도형들 대부분은 서로 다른 색이 칠해진 정육면체의 조합으로 그려져 있어서 여러 조각으로 되어 있다는 것을 시각적으로 금세 알 수 있습니다.

그러고 보니 우리도 여러 조각으로 이루어져 있는 점은 페체티노와 똑같아 보입니다. 우리에게는 언제, 어느 곳에서, 어떤 부모에게서 태어나, 어떤 신체적 특징을 가진 사람인가 하는 숙명의 조각들이 있습니다. 또 어떤 문화에서 자랐고, 무엇을 공부하고, 어떤 가치관을 가지고, 어떤 체험을 해왔는가 하는 경험의 조각들도 있습니다.

페체티노는 떨어져 산산조각이 난 뒤에야 자신 역시 작은 조각들로 이루어져 있다는 것을 깨닫습니다. 그리고 그는 스스로 몸을 일으켜 세우고, 뿔뿔이 흩어진 자신의 조각들을 주워 모읍니다. 작은 조각 하나도 빠트린 게 없다는 것을 확인하고 작은 배로 달려갑니다.

하나도 남김없이 모두 주웠다는 것은 내 안에 들어 있는 싫은 부분, 결점, 보고 싶지 않은 부분, 잊어버리고 싶은 것까지 모두 주웠다는 의미입니다. 그리고 나서 친구를 향해 기쁜 듯이 "나는 나야!"라고 소리칩니다.

자신이 가진 단점을 좋아할 수는 없지만, 그래도 나 자신을 이루는 한 조각이라고 인정한다면, 있는 그대로의 나를 받아들일 수 있다고 생각합니다. '지금 이 모습 그대로 아무것도 부족한 것이 없고, 모두 다 필요한 나의 조각들'이라고 생각하면 비로소 참다운 자신의 삶을 살아갈 수 있을 테니까요.

나를 이루고 있는 '작은' 조각들을
있는 그대로 받아들일 때 행복합니다.

나에게 던지는 질문
나를 이루는 작은 조각들은 무엇인가요?

밀림에서 가장 아름다운 표범
구도 나오코 글 | 와다 마코토 그림
김보나 옮김 | 위즈덤하우스

🌸 **이런 책입니다**

나는 얼룩점이 자랑거리인 표범이에요. 어느 날, 잠에서 깨니 얼룩점이 달랑 세 개만 남고, 모두 사라졌어요. 나는 얼룩점을 찾아 나섰어요. 악어나 개구리에게 물어봐도 얼룩점을 못 보았다고만 합니다. 마지막으로 만난 개코원숭이가 얼룩점이 하늘로 날아가는 걸 봤다고, 마치 나비 같았다고 전해 주었어요. 얼룩점은 나비가 되고 싶었을까요? 왠지 눈물이 날 것 같았어요. 난감해하던 개코원숭이가 "얼룩점이 나비가 되고 싶다면, 나비도 얼룩점이 되고 싶을 수 있잖아."라고 좋은 생각을 해냈어요. 나는 나비를 찾아 나섰어요. 나비는 나의 얼룩점이 되어 줄까요?

🌸 **그림책테라피스트의 가이드**

얼룩점이 없으면 표범이 아니라고 여길 만큼 표범에게 얼룩점은 소중해요. 얼룩점 무늬가 없으면 겉모습은 달라졌지만, 그렇다고 표범이 다른 동물이 되는 건 아니지요. 늘 가까이 있고 당연하게 생각한 게 어느새 자신과 하나가 되어 버린 것이지요.

우리도 어떤 역할을 오래 하다 보면, 나 자신과 도저히 분리할 수 없을 것 같기도 합니다. 예를 들어 엄마 역할에 비유해 보면, 자녀가 독립하면 마치 자신에게 구멍이 뚫린 것처럼 느낍니다. 또 직장과 일체화되어 있다가 퇴직해서 회사의 이름이나 직책을 사용할 수 없으면, 지금까지 서 있던 터전이 없어진 것처럼 불안에 휩싸이기도 해요.

얼룩점이 표범의 정체성이 아니듯, 우리가 입는 옷이나 맡은 역할은 그 사람과 분리할 수 있어요. 표범은 남은 세 개의 얼룩점을 악어, 개구리, 개코원숭이에게 주는 과정에서 모든 것을 내려놓습니다. 그러자 이번에는 호랑나비와 친구들이 얼룩점을 대신해 주어요. 하지만 나비도 언젠가 자유롭게 날아갈 수도 있을 거예요. 표범은 얼룩점이 나라는 마음을 내려놓고, 언제든 무늬가 변화하는 자신을 받아들임으로써 진정한 자유에 한 발 더 다가간 거예요.

*내가 아닌 것과 일체가 되어 있다면,
그 삶은 고통스럽습니다.*

나에게 던지는 질문
소유나 집착하는 마음을 버려서 평온을 느낀 적이 있나요?

작은 배추
구도 나오코 글 | 호테하마 다카시 그림
이기웅 옮김 | 길벗어린이

❋ 이런 책입니다

감나무 밑에서 싹을 틔운 배추가 있었습니다. 배추는 감나무에게 많은 것을 배우면서 조금씩 자랍니다. 동그랗게 알이 차올랐지만, 밭에서 자란 배추들에 비하면 아직은 작았어요. 찬 바람이 불어오자, 다른 배추들은 모두 트럭에 실려 채소 가게로 가 버립니다. 작은 배추도 따라가고 싶었지만 트럭 아저씨는 태워 주지 않았어요.

작은 배추는 얼른 크고 싶어서 노력했지만 다음 트럭에도 실리지 못합니다. 밭의 배추가 모두 옮겨진 뒤, 작은 배추를 발견한 트럭 아저씨가 "좀 작은가? 그래, 넌 여기서 봄을 기다렸다가 꽃을 피워 나비랑 놀려무나."라고 하네요. 넓디넓은 언덕 밭에 작은 배추 혼자 남았습니다. 작은 배추는 울먹이며 감나무한테 "봄이 뭐야? 꽃은? 나비는 또 뭐야?" 하고 묻습니다.

🌼 그림책테라피스트의 가이드

배추는 밭에서 자라 채소 가게로 가는 것이 일반적이고, 대부분 그 경로를 따라가지요. 그러나 밭에서 뚝 떨어진 곳에서 싹을 틔운 배추는 충분히 자라지 못합니다. 어찌 보면 정상적인 루트에서 벗어난 거지요. 작은 배추는 아쉬워하고 슬퍼하지만, 수많은 추운 날을 이겨냅니다. 마침내 봄이 오자, 작은 배추는 쭉 뻗은 줄기 끝에 노란 꽃을 피웁니다. 나비가 하나둘 날아오자, 겨우내 훌쩍 커 버린 배추는 행복해 보입니다.

누구나 행복해질 수 있는 길이 있습니다. 좋은 학교를 졸업하고, 좋은 회사에 들어가고, 결혼해서 아이를 낳고, 자기 집을 구하는 것. 이런 경로가 제 젊은 시절에는 행복의 기준이었지요. 한동안 그 길을 걸었지만, 어느새 그림책의 세계로 빠져(?) 버렸습니다. 물론 그 길을 계속 갔어도 나름 행복한 삶을 살았을 겁니다. 하지만 지금처럼 자유롭고 충만하지는 않았을 겁니다.

잘 닦인 큰길 옆에 꽃이 피는 기분 좋은 오솔길이 있을지도 모릅니다. 길은 여러 번 갈라지거나 막다른 골목으로 보일 수도 있지만, 분명 그 앞에는 각자의 행복이 기다리고 있을 겁니다.

행복을 만나는 길은 여러 갈래입니다.

나에게 던지는 질문
작은 배추처럼 뜻밖의 행복을 만난 적이 있나요?

이 세상 최고의 딸기

하야시 기린 글 | 쇼노 나오코 그림
고향옥 옮김 | 길벗스쿨

🌸 이런 책입니다

어느 날 하얀 곰에게 '딸기를 보내드릴게요.'라고 쓰인 편지가 왔습니다. 이제껏 딸기를 만져 본 적도, 먹어 본 적도 없는 하얀 곰은 한껏 설레며 기다립니다. 드디어 딸기 한 알이 도착했어요. 얼마나 빨갛고 귀엽고 좋은 향기가 나는지요! 처음 만난 딸기 한 알을 보석처럼 다루다, 딸기 향에 싸여 잠이 듭니다.

다음 겨울에는 딸기가 두 알 왔어요. 친구를 불러 딸기를 즐깁니다. 그 뒤로도 겨울이 오면 딸기가 오고, 그 양은 해마다 늘어났습니다. 올해는 백 알쯤 먹었을까요? 앞으로는 천 알쯤 먹게 될까요? 그런데 이상해요. 딸기가 많아질수록 줄어드는 게 있어요.

🌸 그림책테라피스트의 가이드

하얀 곰이 설레는 마음으로 맛있게 먹었던 딸기는 감동이었지요. 그러나 최상급의 새빨간 딸기도 해마다 그 양이 많아지자, 점점 그 감동은 줄어듭니다. 딸기가 달라진 것은 없는데 말이에요.

사실 비슷한 경험을 한 적이 있습니다. 어렸을 때 참가한 한 행사에서 준비한 도시락에 에메랄드 그린 색의 신기한 음식이 들어 있었습니다. 그것은 태어나서 처음 본 과일, 바로 키위였어요. 단 한 조각만으로도 저는 그 맛에 감동하여 온몸이 떨렸던 기억이 생생합니다. 그 후 어른이 되어 그 과일을 셀 수 없이 많이 먹었습니다. 누군가에게 "가장 맛있었던 키위는 무엇이었나요?"라는 질문을 받는다면, 저는 '처음 먹었던 그 첫 조각'이라고 대답할 겁니다.

세상에서 최고로 맛있는 것도 늘 먹다 보면 '당연한 것'이 됩니다. 음식뿐만이 아닙니다. 수도꼭지를 틀기만 하면 물이 콸콸 쏟아지는 것도, 한밤중에도 동네 골목길이 환한 것도, 교통 기관이 매일 움직이고 편히 이용할 수 있는 것도 모두 대단한 일입니다. 다만 어느새 당연하고, 익숙해진 것뿐입니다. '당연하다'의 반대말은 몇 가지가 있지만, 그중 하나는 '감사하다' 같습니다. 어느새 당연하게 되어 버린 것들에 새삼 감사할 수 있다면, 우리 주위는 감사하고 싶은 것들로 가득 찰 것입니다.

감동도 편리함도 놀라움도 계속되면
익숙해지기 마련입니다.

나에게 던지는 질문
나에게 기쁨을 주었던 경험이 지금은 당연해진 건 무엇인가요?

키오스크

아네테 멜레세 글·그림 | 김서정 옮김 | 미래아이

🌸 이런 책입니다

올가는 거리 한복판에 있는 작은 가판대인 키오스크를 오래 지켜 왔어요. 날마다 단골손님을 맞이하고, 하루 종일 신문, 잡지, 물, 복권 등을 팝니다. 일을 마친 밤에 혼자가 되고 키오스크를 벗어 나고 싶을 때, 올가는 여행 잡지를 뒤적이며 황홀한 석양이 지는 먼바다를 꿈꾸곤 합니다. 키오스크는 올가의 작은 세상입니다.

어느 날 아침, 신문 뭉치가 평소보다 멀리 있어서 안으로 들여 놓으려 애쓸 때였어요. 올가는 과자 도둑을 잡으려다 키오스크와 함께 쓰러지고 맙니다. 겨우 일어난 올가는 흩어진 물건들을 주 우려 애썼어요. 그러다 키오스크를 들어 올린 채 움직일 수가 있 다는 걸 깨달았습니다. 그래서 올가는 키오스크와 함께 잠깐 산 책을 하기로 했어요.

🌸 그림책테라피스트의 가이드

올가는 키오스크와 함께 산책을 시작했습니다. 그러다 개의 목줄에 다리가 감기는 바람에 다리에서 강으로 떨어져요. 강물과 파도는 올가를 바닷가까지 데리고 갔어요. 밤에 꿈꾸던 황홀한 석양이 지는 바로 그 해변에 온 것입니다!

키오스크가 쓰러졌을 때 올가는 제자리에 다시 세워 지금까지처럼 똑같은 일상생활을 계속할 수도 있었겠지요? 그랬다면 여전히 단골손님들과 수다를 떨며 나름대로 즐겁게 살았을 겁니다. 하지만 올가는 걷기 시작했어요. 생각지도 못한 사건이 생긴 기회에 잠깐의 산책을 선택한 것이지요.

우리는 낯익은 사람을 평소와 다른 장소에서 만나기만 해도 신선함을 느끼지요. 많은 사람이 자신에게 익숙한 일종의 안심 영역에서 한 발짝도 나가지 않으면서도 꿈은 이루어지기를 바랍니다. 올가는 키오스크 안에서 여행하는 꿈을 꾸곤 했어요. 그러다 뜻밖의 사건이 생기자 바로 작은 변화를 시도합니다. 키오스크에서 나오지 않고도 할 수 있는 것을 맞닥뜨렸을 때 실행에 옮긴 것입니다. 그 행동이 그대로 꿈의 실현으로 이어질지는 알 수 없지만, 어쨌든 다른 것을 해 보는 것은 나쁘지 않은 아이디어입니다.

우리도 일상생활에 변화를 주면 어떨까요? 늘 다니던 등하굣길이나 출퇴근 길을 바꿔 보면, 다른 풍경이 나타나겠지요? 다른 사람과의 만남이 이루어질 가능성은 커집니다. 또는 익숙한 카페

나 음식점이 아닌 다른 곳으로 가 보는 것은 어떨까요? 올가에게처럼 생각지도 못한 일이 일어날지도 몰라요. 새로운 일에 도전하려고 하면 두려움이 엄습하지요. 하지만 두려움을 이겨내는 순간 변화는 시작됩니다. 변화가 없이는 다른 결과를 바랄 수 없는 일이니까요.

언제나 루틴이 같다면,
다른 결과를 원해도 이루어질 수 없습니다.

나에게 던지는 질문
지금 당장 실행할 수 있는 평소와 다른 행동은 무엇인가요?

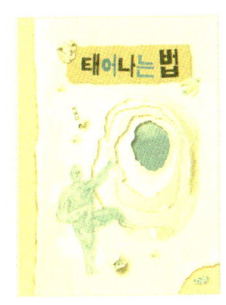

태어나는 법
사이다 | 모래알

🌼 이런 책입니다

세상 곳곳의 하늘, 물, 땅속, 단단한 알 속에서 다양한 생명체가 태어나고 태어납니다. 이제 막 세상에 나온 생명체들은 탄생의 기쁨을 누려요. 하지만 태어났다고 해서 좋은 일만 있는 것은 아니에요.

생명의 위협을 느끼고 힘껏 도망쳐야 하는 순간도 있거든요. 왜 태어났을까 후회도 하고, 두려워 도망가고 싶고, 안전한 곳을 찾기 위해 발버둥 쳐야 하는 순간들…. 너무나 큰 세상에서 보잘것없이 느껴지고, 온몸이 찢기는 것 같은 순간도 겪게 됩니다.

하지만 우리를 세상에 있게 하고 돌보는 존재들과 함께 살아가기에 견딜 수 있습니다. 무엇보다 우리도 모르는 힘이 숨어 있어요. 그건 바로, 다시 태어나는 힘이지요.

🌸 그림책테라피스트의 가이드

나보다 나은 삶을 사는 듯한 사람을 보거나, 내가 원하던 삶대로 살지 않는다는 생각이 들 때 자주 쓰는 "이번 생은 망했어."라는 유행어가 있습니다. 살기 힘들고 뜻대로 안 되는 인생에 대한 자조적인 유머이지요.

전생의 기억을 갖고 다시 태어나는 '인생 N회차'를 사는 드라마 속 주인공을 보며 "이번 삶에서 안 된다면, 다음 삶에서라도…." 같은 희망을 품기도 합니다. 그런데 사실은 한 번뿐인 인생임을 너무 잘 알아서 '이번 생, 다음 생'이라는 건 그저 판타지 속 이야기 같습니다. 정말 이번 생에서는 안 될까요? 이런 생각이 들 때 마음만 먹으면 지금이라도 새로 태어난 기분으로 살아 볼 수 있을 것 같습니다. 바로 이 그림책을 보면서 말이지요.

『태어나는 법』에서는 바람을 타고 날아오르고, 물에 둥둥 떠서 움직이고, 다른 동물의 몸에 붙어 이동하고, 단단한 것을 뚫고 올라오는 다양한 생명체들의 탄생의 순간이 등장합니다. 각각의 순간을 보며, 강한 생명력을 느낍니다.

하지만 태어난 일이 마냥 기쁘고 아름답기만 하지는 않잖아요. 태어난 후 우리는 주어진 환경에 적응하거나 위협에 맞서야 할 때도 있습니다. 때로는 살아서 좋은 일이 무엇이 있나 싶을 정도로 고통스럽고, 모든 것을 포기해 버리고 싶기도 합니다. 그럴 때 다시 태어나 보는 것입니다.

어제는 모든 것을 포기하고 싶었지만, 오늘은 용기 내어 도전해 봅니다. 어제는 꽉 막힌 듯한 답답함에 도망가고 싶었지만, 오늘은 정면으로 부딪혀 해결할 실마리를 찾아봅니다. 지금 당장은 마치 모든 것이 끝난 것처럼 느껴지더라도 내 안에 숨겨진 힘을 잊지 않으면, 매일매일 새롭게 태어날 것 같습니다. 힘들고 앞날이 막막해질 때에는 소리 내어 말해 봅니다.

"나는 다시 태어날 수 있어!"

우리는 매일, 아니 매순간
새롭게 태어날 수 있습니다.

나에게 던지는 질문
불안이 밀려올 때, 나를 일으켜 세울 방법은 무엇일까요?

나가는 말

새로운
시대로

한국에서 2018년에 출간된 『그림책테라피가 뭐길래』가 중판을 이어왔지만, 그 이후 소개하고 싶은 사례와 그림책은 늘어가기만 했습니다. 그래서 과감하게 책을 전면적으로 다시 쓰게 되었습니다. 그림책테라피에 도달하게 된 경위를 지금의 제 관점에서 정리해 보았습니다. 어떠셨는지요?

한국에서는 그 책의 출판을 계기로 2019년 에혼테라피스트협회의 프로그램을 교육하는 한국의 마더북 북테라피센터가 탄생했습니다. 스위스에서도 그림책테라피 이야기를 나눌 기회가 생겼습니다. 이러한 경험 덕분에 그림책테라피 기법은 언어와 문화를 넘어 통용된다고 확신할 수 있었습니다. 그리고 저는 그림책테라피를 확산시킴으로써 모든 사람이 서로의 차이를 인정하면서도 연결되는, 평화로운 세상을 만들고 싶다는 꿈을 가지게 되었습니다.

지난 팬데믹 동안 사람들은 모이는 것을 피했고, 그 결과 서로의 물리적 거리는 점점 멀어지고, 사람과 사람이 서로 단절되는 방향으로 나아가고 말았습니다. 이대로 가면 마음까지 거리를 두는 것이 당연해질 것 같았습니다.

이런 세상일수록 그림책이라는 뛰어난 의사소통 도구의 힘을 빌려 누구나 자신의 솔직한 마음을 드러낼 수 있는 기회를 만들어야 하지 않을까요? 국경을 넘는 이동이 제한된 한편, 온라인 회의 시스템 등이 급속히 확산되면서 각자의 자리에서 여러 사람과 얼굴을 보면서 이야기할 수 있는 새로운 계기가 되기도 했습니다. 온라인으로 다른 나라에 살고 있는 사람들과도 쉽고 편하게 연결될 수 있었습니다. 이러한 경험을 바탕으로 하면, 앞으로 그림책 테라피를 세계 곳곳으로 확장할 기회가 될지도 모르겠습니다.

지금까지의 방식을 그대로 온라인으로 옮기는 것은 그림책 저작권 등의 문제로 쉽지 않지만, 동료들과 함께 고민하며 좋은 방안을 찾아내어 '그림책으로 어느새 세계 평화'라는 꿈을 향해 한 발짝 더 나아가고자 합니다.

앞으로도 항상 응원해 주시고, 함께 나아가면 좋겠습니다.

· 감사의 말

중판이 아닌 새로운 책을 내는 결단을 내린 베르데 씨, 번역과 인터뷰 작업은 물론 한국 작가들의 그림책 소개도 함께 해 준 공저자 보나 씨, 그리고 그림책테라피를 실천하고 다양한 에피소드를 알려준 한국의 마더북을 비롯해 전 세계 그림책테라피스트 여러분께 진심으로 감사드립니다. 정말 고맙습니다.

작가 인터뷰

그림책으로
세계 평화를 꿈꾸다

시작하며

나무와 풀들이 푸르고 무성해지는 계절에 탓짱(이 책의 저자인 오카다 다쓰노부의 애칭)을 만나기 위해 도쿄의 '에혼테라피스트 협회'로 향했다. 탓짱이 그림책테라피에 관심 있는 어른들을 대상으로 그림책테라피 워크숍을 진행하는 날이기도 했다. 그림책테라피를 경험한 적 없는 어른 스무 명이 참가할 예정이라고 했다. 나도 함께 참여하고, 이후 인터뷰를 진행하기로 했다.

여기서 잠깐, 그림책테라피 워크숍의 분위기를 소개해 볼까 한다. 협회 세미나룸 문을 열고 들어가니 이미 많은 참가자가 책꽂이에서 그림책을 자유롭게 꺼내 보고 있었다. 20대 초반부터 60대 이상까지 연령대도 다양했다. 장애를 가진 남성 참여자도 있었다. 곧 시작한다는 안내와 함께 사람들은 4개의 테이블에 나누어 앉았다. 테이블 위에는 오늘 소개할 그림책의 정보가 담긴 활동지와 과자와 초콜릿이 놓여 있다. 참가자들 사이에 어색함과 긴장감이 감돌기는 해도 옅은 웃음을 짓는 표정에서는 기대감도 느껴졌다.

워크숍이 진행되는 사이사이 참가자들은 이런 이야기를 나누는 게 들려왔다.

"그림책을 화제로 이야기를 나누니, 그림책을 세 번 즐기는 셈이 되네요. 첫 번째는 귀로, 두 번째는 눈으로 그리고 세 번째는 이야기로요."

"단순한 그림책으로 이렇게 심도 있는 이야기를 나눌 수 있고, 또 다양한 생각과 가치관을 만날 수 있다는 것이 참 신기하고 재미있네요."

나 역시 진행자가 아닌 참가자로서 오랜만에 그림책테라피 워크숍에 참여하며 새삼 깨달은 것들이었다. 처음 만난 참가자들은 두 시간 남짓 그림책으로 이야기를 나누며 서로의 다름을 인정하고, 상대방의 이야기를 경청했다. 무엇을 말해도 비난받지 않는다는 확신으로 나의 이야기를 풀어놓기도 했다.

프로그램이 끝날 무렵, 헤어지는 것을 아쉬워하며 SNS 주소를 교환하거나 가까운 그림책 서점으로 함께 이동하는 팀도 있었다. 그림책과 함께 생면부지의 어른들도 사이좋은 이웃이 될 수 있는 것이다. 그런 모습을 바라보고 있자니 마음 한구석에서 따끈한 기운이 퍼져왔다. 이제는 인터뷰를 할 시간이다. 모두가 돌아가고 난 세미나룸에서 탓짱과 마주하고 인터뷰를 시작했다.

어른과
그림책

탓짱의 워크숍에 통역이 아닌 참가자로 참여한 건 정말 오랜만이에요. 모처럼 저도 그림책과 참가자들의 이야기에 푹 빠져 즐거웠어요. 인터뷰를 준비하면서 어떤 질문을 할지 많이 고민했는데, 어떤 질문은 워크숍에 참여한 것만으로도 답이 되었던 것 같아요.

그러고 보니 그러네요. 한국인 대상 워크숍 때마다 통역으로만 함께 해 주었지요. 보나 씨가 미리 보내준 질문지를 보며 조금 어렵거나 생각해야 할 부분이 많았던 것도 있었지만, 그 덕분에 그동안 미처 생각해 보지 않았던 것도 생각할 수 있었어요. 즐거운 마음으로 기다렸습니다.

오늘 참가자들과 함께 이야기를 나누며 그림책테라피의 매력을 새삼 깨달았어요. 그리고 어른이 그림책을 읽는다는 것에 대해서 더 깊이 들여다보고 싶다는 생각도 들었고요. 오늘도 다양한 나이와 직업을 가진 어른들이 탓짱의 그림책테라피에 참여했더라고요. 어른들은 어떻게 그림책에 관심을 갖기 시작했을까요?

어른이 되어 그림책을 읽는 사람들은 아이와 가까이 지내는 어른과 그렇지 않은 어른으로 나뉜다고 생각해요. 아이와 함께 지내는 어른은 그림책을 읽어 주는 것이 계기가 되어 그림책을 만납니다. 읽어 주다가 자신도 모르게 감정에 영향을 받거나, 깨달음을 얻거나, '그림책이 좋구나.' 하는 여러 생각이 들어 자신을 위해서도 그림책을 골라 보게 되는 경우가 많은 듯합니다.

아이와 연결 고리가 없는 어른은 그림책이라는 장르와 접할 기회가 많지 않아서, 대중 매체를 통하거나 아니면 예술의 일환으로 그림에 끌려 그림책을 만나는 경우도 있습니다. 요즘 일본에서는 방송에서도, 미술관 같은 곳에서도 그림책을 다루는 일이 제법 많아서 그걸 계기로 읽기 시작하는 어른이 늘고 있습니다.

탓짱이 보기에 예전보다 더 많은 어른이 그림책에 관심을 가지고 있나요? 그렇다면 그 이유는 무엇일까요?

최근 들어 더욱 그렇게 느끼고 있습니다. 대량으로 판매되는 그림책이 있지요. 요시타케 신스케, 시바타 게이코 같은 인기 작가의 책들은 몇십만 부나 팔리거든요. 그 정도로 팔린다는 것은 지금까지 그림책을 좋아하는 사람들뿐 아니라 더 많은 사람이 관심을 갖고 그림책을 산다는 뜻이겠지요. 그 덕분에 미디어에도 계속 등장하고, 관련 굿즈도 판매되고 있어요. 그림책을 읽는 어른들이 계속 증가하고 있다는 증거라고 봅니다. 이런 현상은 한국에서도 마찬가지라고 생각해요. 아이들을 위해 구입하는 것이 당연하다고 여겼던 그림책이 이제는 어른들에게도 취미가 되어 자신을 위해 구매하는 사람들이 늘어나고 있습니다.

그림책테라피스트가 되기 위해 오는 수강자의 추세는 어떤가요? 역시 그림책에 관심을 갖고 오는 어른이 많은가요?

예전에 비해서는 단순히 그림책이 좋아서 오는 어른도 많아지기는 했지만, 그림책테라피는 조금 다른 것 같아요. 그림책뿐 아니라 테라피라는 요소에 관심을 갖고 오는 사람도 있어요. 그림책에 대해서는 전혀 모르고 오는 사람도 있고요. 참가자에 따라 관심 포인트가 조금씩 다르지요.

그럼 어른이 자신을 위해 그림책을 읽을 때, 어떻게 읽으면 좋다고 생각하나요?

"반드시 이렇게 읽어야 합니다."라고 강요하는 것은 아닙니다. 자기만의 방법이 있을 테고, 그림책 읽는 방법에 좋고 나쁘고는 없으니까요. 하지만 저는 단계가 있다고 생각합니다. 첫 번째는 맨 먼저 눈에 들어오는 그림을 봐 주었으면 합니다. 글을 먼저 읽기보다는 그림을 먼저 보는 것이 첫 단계로 중요하다고 생각합니다. 그림을 즐기는 것이지요.

다음은 글을 읽는 것인데요, 여러 번 읽기를 권합니다. 한 번만 읽었을 경우에는 단순히 그 내용을 '이해'했을 뿐입니다. 그런데 여러 번 반복해서 읽다 보면, 그림과 글이 하나가 되어 들어옵니다. 그것이야말로 제대로 그림책을 보는 게 아닐까 해요. 즉, 아이가 그림책을 즐기는 방법과 같다고 생각합니다.

본문에서도 어린이와 어른이 그림책을 읽는 법이 다르다는 이야기를 언급하셨지

요. 아이들은 그림책을 체험하는 것이라고요. 전두엽을 통해 이해하는 어른과는 달리 그림책을 듣는 아이들은 정서나 감정에 관여하는 대뇌변연계가 활성화된다고요.

그렇습니다. 그리고 그림책을 볼 때 마지막 단계로는 가능하면 꼭 함께 읽기를 권합니다. 누군가에게 읽어 주거나, 읽어 주는 그림책을 듣는 것이지요. 읽는 소리를 들음으로써 또 다른 감각을 느낄 수 있습니다. 누군가 그림책을 읽어 주면 이야기를 귀로 들으며 그림을 볼 수 있지요. 그것이 그림책이 만들어진 본래 의미대로 읽는 방법이기도 하고요. 한번 체험해 보기를 진심으로 권합니다.

그렇다면 어른이 그림책을 즐긴다는 것은 이런 걸까요? 마침 제가 참가한 그룹에서 이런 이야기가 오갔어요. 이렇게 그림책을 읽어 주는 것을 듣고 그림책으로 이야기를 나누니, 그림책을 새롭게 즐기는 기분이라고요. 사실 아이들한테 읽어 주기만 하거나, 혼자 읽을 때는 이런 즐거움까지는 못 느꼈다는 참가자도 있었어요.

그렇지요. 그림책을 즐기는 것에도 여러 방법이 있겠죠. 예술적 매체로서 즐길 수도 있고, 이야기나 문학으로서 즐길 수도 있어요. 그리고 때로는 그림책을 읽다 자신의 경험을 떠올리거나, 어떤 울림이나 깨달음을 얻기도 해요. 내면적인 체험이라고 할 수 있지요. 주관적인 가치를 반영하여 그림책을 내면화하며 즐기는, 감상하는 방법이라고 생각합니다. 그리고 그렇게 느낀 것을 다른 사람과 나눔으로써 깨달음이 더욱 깊어지기도 합니다.

그림책테라피와
그림책테라피스트

이제 본격적으로 그림책테라피에 대한 이야기를 나누어 보고 싶어요. '그림책테라피'라는 워크숍 안에서 어떤 일이 일어날까요? 테라피라는 낱말이 '심리 치료, 카운슬링' 등과는 어떻게 다른지 궁금해하는 사람도 많거든요.

어떤 일이 일어날까요? 음… 여러 가지 일이 일어나는데요. 우선 '심리 치료 요법'에는 반드시 목적이 있습니다. '치료'이므로 어떤 문제를 해결하기 위한 목적이요. 그러나 '그림책테라피'는 어떤 일이 일어나도 다 괜찮습니다. 결과적으로 치유를 느낀 사람도 있지만, 그것이 목적은 아닙니다. 프로그램이 끝나고 저마다 가지고 돌아가는 것이 다 다릅니다. 어떤 사람은 '치유되었다'고 말하기도 하고, 어떤 사람은 '즐거웠다'고 합니다. 어떤 사람은 '친구를 사귀었다'고도 하고요. 드물지만 '괴로웠다'고 말하기도 합니다.

그림책테라피는 단지 장을 만들 뿐입니다. 그 장에서 벌어지는 일은 다릅니다. 무엇을 의도하지도 않고, 통제하거나 조절하지도 않습니다. 아, 하지만 딱 한 가지 공통적으로 일어나는 현상이 있어요. 바로 참가한 사람들 사이가 좋아진다는 거요. 이것이 심리 치료와 다른 점이라고 생각해요.

그러네요. 모두 친구가 되어 돌아가요. 오늘도 그랬고요. 그렇다면 그림책테라피를 체험한 어른들에게 어떠한 영향을 주는 걸까요?

의도한 것이 없으니, 어떤 영향을 주려고 하는 것은 아닙니다. 어떤 영향을 받았을까요? 그것 또한 저마다 다를 겁니다. 아마 별로 좋지 않은 영향을 받은 사람도 있을 것 같아요. 특히 제가 미숙했던 시절에 참여한 분 중에는 많았겠지요. 그때만 해도 무언가 의도하려고 했고, 진행자로서 참가한 사람들을 컨트롤해야 한다고 생각하던 때였으니까요. 글쎄요. 어떤 영향을 받았을까요? 저도 몹시 궁금합니다.

제가 요즘 느낀 것인데요. 어른이 되면 '모두가 다르고, 모두가 좋다'를 실감할 수 있는 장이 더 없어지는 기분이에요. 다른 의견을 내면 비난을 받거나, 틀림으로 간주될 때도 있고요. 그래서 더욱 나의 의견을 말할 수 없게 되거든요. 그런데 그림책테라피에서는 무엇을 말해도 받아들여지고, 다른 의견을 말해도 괜찮고, 오히려 달라서 재미있다고까지 생각할 수 있어요. 그런 점이 제게는 특별하더라고요.

모두가 다르다는 것을 어른들도 머리로는 다 이해하고 있지만, 다르다는 점이 이상하게 걸리고 납득하기 어렵지요. 하지만 그림책테라피는 그것을 확인하는 장이라고 생각해요. 나와 생각하는 것이 다르다고 상대방을 바꿀 수 없다는 것을 알게 되지요. 오히려 다름을 재밌게 받아들일 수 있는 장이 되어 주고요. 다름을 재미있게 받아들이게 되면 삶이 조금 더 편안해짐을 깨닫기도 합니다. 그런 것을 알게 하는 것이 그림책테라피가 주는 영향이라고도 할 수 있습니다.

그림책테라피를 경험한 참가자로부터 나는 이런 영향을 받았다고 들은 이야기는 없나요?

아, 그러고 보니 이런 설문을 한 적이 있어요. 몇 가지만 소개해 볼게요.

- '그림책 = 어른이 아이에게 전하는 것'이라는 고정관념이 있던 저는 그림책테라피를 접하고 '그림책은 누가 읽어도 좋은 것'이라는 생각을 갖게 되었습니다. 그림책을 즐기는 방법이 늘었습니다.
- 그림책은 멋진 예술품이며, 문학이고, 인생 교과서이기도, 꿈이기도, 재치 넘치는 인간상이 담겨 있기도 하다는 것을 알았어요. 그림책에 대한 생각이 바뀌었습니다.
- 그림책을 통해 나 스스로를 되돌아보게 되었고, 타인과의 차이나 다양한 사고방식을 받아들일 수 있게 되었습니다.
- 저는 오랫동안 어른들에게 그림책을 읽어 주는 일을 해 왔습니다. 그런데 그림책테라피를 경험한 뒤로는 누군가에게 읽어 줄 때, '이런 메시지를 전하고 싶어.' 하는 마음이 옅어졌어요. 오히려 담담하게 그림책을 읽어 줄 수 있게 되었습니다.

아, 재미있네요. 이런 현상이 일어나기 위해서는 그림책테라피를 진행하는 그림책테라피스트의 역할이 중요하다고 생각하는데요, 탓짱이 생각하는 그림책테라피

스트에게 필요한 자질은 무엇일까요?

서로 다르다는 사실을 받아들일 수 있는 사람이라면 누구든 그림책테라피스트가 될 수 있습니다. '다름을 인정해 준다. 받아들여 준다.' 같은 윗사람인 듯한 태도가 아닌 '다른 생각을 하는구나. 저렇게도 생각할 수 있구나.' 같은 태도요. 어떤 감상이나 의견이 나와도 이 자세를 유지할 수 있어야 하지요. 하지만 이건 처음에는 어려운 일이지요. 그런 자세를 가지도록 노력하려는 마음이 있다면 충분합니다.

그렇다면 가장 중요하게 생각할 건 무엇일까요? 마음가짐에 대해 조금 더 자세히 이야기해 주세요.

'자신의 틀을 계속 허물어 나가는 자세'라고 생각해요. 경험이 쌓일수록 사람은 자신만의 틀이 생기지요. 여기까지는 허용해도, 더 이상은 어렵다거나 하는 틀이요. 그 틀을 계속 허물어 나가야 해요. 함께 웃으며 이야기 나눌 수 있는 장을 만드는 자세가 필요하다고 생각해요. "모두가 달라서 좋아요."라고 말하면서 '당신이 이곳에서 함께 하는 것은 곤란하다.'는 태도를 취해서는 안 된다고 봐요.

탓짱이 그런 분위기를 만들었기 때문에, 저 역시, 오늘 워크숍에서 온전히 받아들여지고 있음을 느껴 편안했고, 그 덕분에 다른 의견을 들어도 받아들이기 쉬웠습니다. 하지만 진행자가 이런 자세를 유지하는 것은 정말 어려운 일인 것 같아요.

맞아요. 더군다나 그림책테라피를 할 때만 이런 자세라면 곤란해요.(웃음) 그렇기에 평소에 자신의 틀을 계속 허물어 나가는 연습을 해야 합니다. 예를 들어 내 관심 분야가 아닌 곳에도 가 보고, 나와는 전혀 다른 의견을 가진 사람과도 교류해 보는 겁니다. 그런 삶을 사는 자세가 필요하다고 생각해요. 저 자신도 더 노력해야 한다는 것을 압니다만….

그림책테라피스트로서의 탓짱

그림책테라피를 하면서 알게 된 것이 있다면 무엇일까요?

그림책테라피를 하며 늘 느끼는 것이 있다면, 그림책에 대한 이야기라면 누구라도 뭔가를 말할 수 있다는 것입니다.

"그림책에 대해 어떻게 생각하세요?" 또는 "좋아하는 그림책이 있나요?" 하고 물었을 때, 누구라도 말을 한다는 것이에요. '그림책'이라는 화제로 대화를 나누면, 할 말이 없다고 느낀 사람은 본 적이 없거든요. "누군가 그림책을 읽어 준 기억은 없습니다." 같은 이야기라도 하더라고요. 그런 의미에서 '그림책'은 공용어가 될 수 있다는 것을 알았어요.

저도 그림책과 전혀 관계없어 보이는 사람들한테 대화를 시도해 보고 싶네요. 하지만 한국에서도 마찬가지일 것 같아요. 최소한 상대방에게 거부감은 별로 없을 것 같아요.

그렇죠? 만약 종교나 정치 이야기를 한다면 거부감을 느끼는 사람들이 분명히 있을 거예요. 먼저 상대방이 어떤 의도로 그 주제를 꺼냈는지부터 생각할 테니까요.

그림책이라는 게 어른도 의외로 마음을 쉽게 열 수 있는 도구네요. 그럼에도 그림책테라피를 전하면서 어려웠던 점이 있었을까요?

그림책 이야기에 어떤 식으로든 반응은 해 주지만, 그림책테라피를 하던 초기에는 꽤 힘든 일도 많았어요. 그건 진행자인 나 스스로 무엇인가 의도를 하고, 기대를 했기 때문입니다. 저 역시 나만의 틀을 만들어 둔 것입니다. "이 그림책을 읽으면 모두 깔깔 웃어 주겠지." 이런 틀이지요. 틀을 세우지 않으면 조바심이 나지 않는다는 것을 알게 된 후부터는 그다지 힘든 일은 없었어요.

지나온 과정에서 가장 괴로웠던 경험을 말하라면, 체육관에 모인 500명 정도의 중학생을 대상으로 한 워크숍이었어요. 체육관에서 500명은 정말 힘들었어요. 저쪽에서 다른 얘기를 하는 아이들에게 막 주의를 주고 싶은데, 그럼 설교가 되어 버리고…. 지금까지 계속 마음에 남아 있는 시간이에요. 다른 방법이 없었을까?

지금이라면 조금 더 잘할 수 있었을 텐데… 하는 후회도 있고요.

한국에서는 그런 경험을 이불 킥이라고 표현해요. 잠들기 전 이불 속에서 오늘의 일을 떠올리며 후회하거나 부끄러워하면서 발차기를 하는 거죠.(웃음) 한편으로는 감동을 받은 일도 많았겠지요?

이불 속에서 발차기라니, 재미있는 표현이네요. 스스로를 용서하지 못하는 마음으로 '에잇!'인가요? 하하하. 감동을 받은 일은, 그 자리에서는 아무런 반응이 없던 참가자가 나중에 편지나 메일로 감상을 보내왔을 때였어요. 아무런 반응이 없어서 시시했던 것일까 하고 내 마음대로 생각해 버린 것이 부끄러울 정도였죠. 그런 경험이 쌓여 이제는 현장에서의 반응에 휩쓸리지 말자는 생각을 실천해 가고 있습니다.

지금의 이야기는 그림책테라피스트이거나 그림책테라피스트를 준비하는 독자들에게도 큰 도움이 되리라고 생각해요.

아무래도 사람은 기대를 하기 마련이니까요. 특히 그림책을 좋아하는 사람들하고만 그림책 이야기를 나누다, 그렇지 않은 사람들을 대상으로 진행을 하다 보면 그 차이가 너무 커서 상처를 받기도 한다는 이야기를 종종 들어요. 그야말로 이불 킥을 했다고요.

나의 틀을 무너뜨리는 수련장으로서 그림책테라피 장을 여는 것도 좋겠습니다. 그림책테라피스트로서 탓짱이 그리는 이상적인 미래는 어떤 모습일까요?

이 대답은 미리 좀 생각해 두었어요. 제 생각에 이상적인 미래는 모두가 평화로운 이야기를 믿는 세상입니다. 평화로운 이야기라고 하면 저마다 다양한 것을 떠올리겠지만, 저는 다툼이나 분쟁을 모두 대화로써 해결할 수 있다는 걸 믿으면 좋겠습니다. 이야기는 만들어 낸 것일지 모르지만, 모두가 그것을 사실로 받아들이면 사실이 됩니다. 어떤 이야기를 믿어야 평화로운 세상이 될까를 생각해 보았어요. 세상의 다툼은 대화로 해결할 수 있고, 미소를 짓는 편이 더 행복하다는 평화로운 이야기를 믿는 세상을 희망합니다. 제가 생각하는 이상적인 미래는 이런 이야기를 모두가 믿는 세상이에요.

제가 이 질문을 드린 이유는, 언제나 탓짱이 말하는 탓짱의 비전 '그림책으로 어느새 세계 평화'가 생각나서예요. 그런데 탓짱의 이야기를 듣고 보니, 그림책테라피에서 구현되는 일이 사회 전체적으로 퍼져 나가면 정말 평화로운 세상이 되겠구나 하는 생각이 드네요.

그래요. 그렇다면 평화란 어떤 상태인가를 이 질문을 통해 좀 더 구체적으로 그려볼 수 있어요. 모두가 평화 이야기를 믿는 세상이 평화로운 세상이지요. 현실은 그렇지 않더라도, 모두가 믿는다면 언젠가 평화의 시대가 오리라 생각합니다.

그런 미래를 꿈꾸며 그림책테라피를 전하는 탓짱이 다시금 5장에서 소개한 『웨슬리나라』 속 웨슬리 같다는 생각을 합니다. 처음부터 모두 같은 일을 계속한다면,

아무런 진보도 변화도 없다는 말에 크게 공감했어요. 누구에게 인정받지 않아도 계속할 수 있었던 용기와 그림책테라피를 정착시킨 힘은 어디에서 온 걸까요?

저는 솔직히 그렇게 대단하게 모두가 반대하는 일을 혼자 "좋아, 내가 해낸다!" 같은 결의를 가지고 반대 방향으로 이끌어온 것은 아니에요. 그저 하다 보니 여기까지 온 것뿐이지요. 하지만 돌이켜보니, 어디까지나 내가 즐거웠기 때문에 이 일을 계속해 왔음을 새삼스럽게 깨달았어요. 그림책을 읽는 것도, 워크숍을 열고 진행하는 것도, 모두를 즐겁게 해 주려고 하는 것도, 모두 내가 즐거웠기 때문에 했던 일이에요. 내가 좋아서 했던 일이라서 언제 그만두어도 괜찮은 일이었습니다.

하지만 지금은 그렇게 생각하지 않습니다. 그 이유는 이 일이 정착되었기 때문입니다. 이 일을 통해 세상이 좋아진다는 것도 알게 되었고요. 일본 비즈니스 세계에서 전해오는 상도덕에는 여러 가지가 있는데, 그중 가장 유명한 것이 오미 상인이라는 곳의 장사 철학 '산포요시'(三方良し)입니다. 즉 '삼자 좋다'라는 말인데, '판매자가 좋다', '구매자가 좋다', '세상이 좋다'라는 세 요소를 정리한 말입니다. 판매자, 구매자가 모두 만족할 뿐만 아니라, 사회 공헌도 할 수 있는 것이 좋은 장사라는 개념입니다.

이 개념으로 살펴보면 판매자는 그림책을 읽는 저, 그림책테라피스트이고, 구매자는 참가자입니다. 이 둘만 즐거워서는 안 되고, 세 번째 요소인 세상이 좋아져야 한다는 거지요. 세 가지가 다 충족이 되면 주위의 응원을 받게 되고, 계속 이어갈 수 있는 겁니다. 장사도 마찬가지입니다. 판매자도 만족하고, 구매자도 만족하지만 사회에 불편을 끼치는 결과를 낳는다면 응원을 받지 못하고 그 사업은 오래가지 못할 것입니다. 그림책테라피를 이어올 수 있었던 것은 저 혼자만의 힘이 아니라 이 세 가지가 충족되었기 때문이에요.

그림책테라피스트인 저에게도 워크숍을 열고, 참가자들을 모으고, 프로그램을 진행할 때 반드시 고려해야 할 부분이라고 생각합니다.

그림책과 탓짱

이번에는 그림책과 탓짱에 대한 질문할게요. 탓짱에게 그림책이란 무엇인가요?
나에게 그림책이란… 저는 그림책으로부터 많은 도움을 얻고 있어서, '의사소통의 도구'라는 이름을 지어 주고 싶어요. 그림책 덕분에 다양한 사람들과 친구가 되고, 만날 수 없는 사람과도 만날 수 있게 되었습니다. 그래서 '의사소통의 도구' 또는 '만남의 도구'라고 하고 싶네요.

그럼 그림책에는 어떤 힘이 있다고 생각하나요?

그림책에는 사람과 사람을 이어 주는 힘이 있다고 생각해요. 이렇게만 말하면 아마도 반론을 제기할 사람이 많겠지만, 그림책이 갖고 있는 아주 많은 힘 중에 제가 가장 주목하고, 가장 많은 도움을 받는 그림책의 힘은 '사람과 사람을 연결하는 힘'이라고 생각해요.

탓짱이 꼭 이루고 싶은 꿈은 무엇인가요? 역시 그림책으로 세계 평화를 이루는 건가요?

그 꿈을 위한 꿈이라고 해야겠지요? '어른이 그림책을 읽고 자신의 생각을 서슴없이 나누는 문화'를 전 세계에 정착시키고 싶어요. '그림책' 하면, 자연스럽게 그런 것을 생각하는 사람이 많아지면 좋겠어요. 각 나라마다 그림책을 부르는 말이 있지요. 영어로는 픽처북, 한국어로는 그림책, 일본어로는 에혼처럼요. 각 나라에서 사용하는 그림책을 뜻하는 말의 의미가 어쩌면 조금씩 다르리라 생각합니다. 직업이나 가치관에 따라서도 그림책의 정의가 다를 것이고요. 고민 끝에 저는 어른이 그림책을 읽고 자신의 생각을 나눌 수 있는 것을 EHON이라는 공용어로 구현해 보고 싶다는 생각에 도달했습니다. 그런 문화가 당연한 것으로 받아들여지는 시대가 온다면 세상은 어느새 평화로워져 있을 테지요. 그림책으로요.

탓짱을 인터뷰 한다고 하니, 그림책테라피스트인 지인이 이런 질문을 해달라고 부탁했어요. 탓짱의 인생을 세 단어로 표현한다면? 역시 그림책이 들어갈까요?

좀 생각을 해야 하는 질문이에요. 내 인생을 세 단어로 표현한다면 인연(relationship), 조화(harmony), 이야기(story) 아닐까 싶어요. 수많은 인연들로 생각지도 못한 곳으로 옮겨 왔습니다. 하지만 돌이켜보면 모든 것이 조화로웠고, 커다란 이야기의 일부(에피소드)였던 것 같아요.

탓짱의 이야기가 어떤 식으로 펼쳐질지 기대가 됩니다. 그리고 탓짱의 꿈이 이루어지도록 함께하는 그림책테라피스트이고 싶고요. 마지막으로 탓짱에게 개인적인 질문을 해 볼까 합니다. 탓짱도 스트레스가 쌓이나요? 탓짱만의 스트레스 해소법이 있다면요?

저는 사람을 만나는 일을 하기 때문에, 제 스트레스 해소법은 혼자 있기, 잠자기, 욕조에서 시간 보내기입니다. 몸을 씻는 것보다 부력으로 떠서 시간을 보내는 것을 좋아해요. 그러고 보니 모두 혼자 하는 것이네요. 사람들과 함께 있는 시간이 많기 때문에 그 외 시간은 될 수 있으면 혼자 보내려고 해요.

그럼 잠자기, 욕조에서 시간 보내기 외에 혼자 있는 시간에는 무엇을 하나요? 그림책이 아닌 책을 읽는다든가, 영화를 본다든가 하는 취미가 있을까요?

사실 음악을 좋아해서 그것도 듣는 것보다 연주하는 쪽을 좋아해서 취미로 삼았지만, 연습할 시간을 통 만들지 못해요. 밴조를 연주하는 걸 좋아하는데 최근 2년간, 여기에 갖다 놓고 튜닝은커녕 만지지도 못하고 있어요. 그래서 한동안은 노래 그림책을 넣어 워크숍을 하기도 했지요. 하지만 역시 내가 좋아하는 것은 악기 본래의 울림을 살린 어쿠스틱 악기를 자연 속에서 연주하는 것이에요. 그런데 이런 이야기를 하고 있자니 취미가 사라져 버렸다는 생각이 들긴 하네요.

예전엔 그냥 "취미가 그림책입니다."라고 말했지만, 이젠 그림책은 일도 취미도 아닌 생활 그 자체가 되어 버렸으니까요. 아, 그러고 보니 모으는 게 취미네요! 독특한 그림책이나 진귀한 그림책을 모으는 건 여전히 좋아해요. 이건 확실히 취미가 맞네요.

헌책방 다니기도 취미고요. 가는 도시마다 헌책방은 꼭 들르는 편입니다. 그날 그 시간에 만나는 책이라는 것이 있거든요. 우연히 들렀을 때 만나는 책이 있어요. 다음 날엔 또 다른 책을 만날 테고요. 그림책을 상당히 오랜 기간 보니까 처음 보는 책은 눈에 확 들어옵니다. 좋아하는 작가의 책이기까지 하면 '못 보던 책인데!' 하고 사 버립니다. 물론 예산과 장소가 허용하는 선에서 말이지요. 온라인 중고 서점에서도 원하는 책은 알람이 울리도록 해 두고요.(웃음)

탓짱의 이야기를 들으니 덕업일치의 삶이 부럽게도 느껴지고, 그림책테라피를 위해 태어난 삶이 아닐까 하는 생각도 듭니다. 저도 탓짱처럼 좋아하는 일을 계속하는 삶을 살아가고 싶습니다.

보나 씨가 하는 그림책테라피스트로서의 일, 번역가로서의 일도 응원합니다. 인터뷰 덕분에 평소 생각하지 않았던 것도 정리하는 시간이 되었어요. 더 즐겁게 '그림책으로 어느새 세계 평화'를 만들어 가 봅시다.

마치며

인터뷰를 마치고 협회 세미나룸에서 나오니 어느새 어둠이 내려앉은 시간이었다. 봄날의 향긋한 바람이 불어왔다. 집으로 돌아가는 길은 바람이 가득한 풍선을 마음속에 품은 기분이었다. 풍선이 꺼지기 전에 탓짱의 이야기를 얼른 전하고 싶다, 그런 바람뿐이었다.

그림책을 좋아하고, 그림책으로 세상에 공헌하고 싶고, 그림책테라피스트의 길에 들어선 이들에게 탓짱의 이야기가 작은 씨앗이 되어 줄 것이라고 믿는다. 그렇게 저마다의 씨앗을 품고 그림책으로 어느새 세상을 평화롭게 만들어 가기를 바란다.

— 인터뷰이 김보나

★ 그림책 목록

제1장 그림책에 눈뜨다
『원숭이 루루루』 고미 타로 글·그림 | 에혼칸(『さる・るるる』, 五味太郎, 絵本館)
『헨리에타의 첫 겨울』 롭 루이스 글·그림 | 정해왕 옮김 | 비룡소

제2장 그림책의 수수께끼가 깊어지다
『세 강도』 토미 웅게러 글·그림 | 양희전 옮김 | 시공주니어
『내가 좋아하는 것』 프랑수아즈 글·그림 | 가이세이샤(『わたしのすきなもの』, フランソワーズ, 偕成社)

제3장 그림책에서 무엇을 보았을까?
『구룬파 유치원』 니시우치 미나미 글 | 호리우치 세이치 그림 | 이영준 옮김 | 한림출판사
『네가 만약……』 존 버닝햄 글·그림 | 이상희 옮김 | 비룡소

제4장 그림책테라피를 실천해 보자
『하나는 뱀이 좋아』 가니에 안즈 지음 | 이구름 옮김 | 나는별
『말의 형태』 오나리 유코 | 허은 옮김 | 봄봄출판사
『나도 고양이야!』 갈리아 번스타인 지음 | 서남희 옮김 | 현암주니어

제5장 그림책테라피스트가 처방하는 마음의 약상자
지금, 여기: 현재를 살아가기
『태어난 아이』 사노 요코 글·그림 | 황진희 옮김 | 거북이북스
『큰 고양이, 작은 고양이』 엘리샤 쿠퍼 그림·글 | 엄혜숙 옮김 | 시공주니어
『아름다운 실수』 코리나 루켄 지음 | 김세실 옮김 | 나는별

『쿵쿵이와 나』 프란체스카 산나 지음 | 김지은 옮김 | 미디어창비

『차곡차곡』 서선정 | 시공주니어

『쌍둥이 빌딩 사이를 걸어간 남자』 모디캐이 저스타인 글·그림 | 신형건 옮김 | 보물창고

일과 가치: 나를 실현하기

『그들은 결국 브레멘에 가지 못했다』 루리 글·그림 | 비룡소

『오늘 하루 판다』 오쓰카 겐타 글 | 구사카 미나코 그림 | 김종혜 옮김 | 키즈엠

『대주자』 김준호 글 | 용달 그림 | 책고래

『곰과 수레』 앙드레 프리장 글·그림 | 제닌 옮김 | 목요일

『한밤의 정원사』 테리 펜, 에릭 펜 글·그림 | 이순영 옮김 | 북극곰

『더 커다란 대포를』 후타미 마사나오 글·그림 | 김현주 옮김 | 한림출판사

『웃음 가게』 기타무라 사토시 글·그림 | 김상미 옮김 | 베틀북

『너는 특별하단다』 맥스 루케이도 글 | 세르지오 마르티네즈 그림 | 아기장수의 날개 옮김 | 고슴도치

차이와 다양성: 다름을 인정하기

『공원에서』 앤서니 브라운 글·그림 | 공경희 옮김 | 웅진주니어

『까마귀 소년』 야시마 타로 글·그림 | 윤구병 옮김 | 비룡소

『줄무늬가 생겼어요』 데이비드 섀넌 글·그림 | 조세현 옮김 | 비룡소

『나는 강물처럼 말해요』 조던 스콧 글 | 시드니 스미스 그림 | 김지은 옮김 | 책읽는곰

『통이는 그런 고양이야』 마야 막스 지음 | 김보나 옮김 | 나는별

『마일로가 상상한 세상』 멧 데 라 페냐 글 | 크리스티안 로빈슨 그림 | 김지은 옮김 | 북극곰

생각의 전환: 바꾸어 생각하기

『문 밖에 사자가 있다』 윤아해 글 | 조원희 그림 | 뜨인돌어린이

『코끼리는 왜 그랬을까?』 이셀 | 글로연

『빨간 벽』 브리타 테켄트럽 글·그림 | 김서정 옮김 | 봄봄출판사

『발레리나 토끼』 도요후쿠 마키코 글·그림 | 김소연 옮김 | 천개의바람

『내가 만난 꿈의 지도』 유리 슐레비츠 그림·글 | 김영선 옮김 | 시공주니어

『웨슬리나라』 폴 플레이쉬만 글 | 케빈 호크스 그림 | 백영미 옮김 | 비룡소
『여행 가는 날』 서영 글·그림 | 위즈덤하우스

연대와 공존: 더불어 살아가기

『빛방울이 반짝반짝』 윤여림 글 | 황정원 그림 | 나는별
『아기 늑대 세 마리와 못된 돼지』 헬린 옥슨버리 그림 | 유진 트리비자스 글 | 김경미 옮김 | 시공주니어
『알사탕』 백희나 | 스토리보울
『말의 형태』 오나리 유코 | 허은 옮김 | 봄봄출판사
『비틀비틀 아저씨』 사사키 마키 글·그림 | 황진희 옮김 | 미래아이
『내가 여기에 있어』 아드리앵 파를랑주 글·그림 | 이세진 옮김 | 웅진주니어
『핑!』 아니 카스티요 글·그림 | 박소연 옮김 | 달리
『적당한 거리』 전소영 | 달그림

가까운 행복: 행복을 찾아가기

『내가 예쁘다고?』 황인찬 글 | 이명애 그림 | 봄볕
『작은 조각 페체티노』 레오 리오니 그림책 | 이상희 옮김 | 보림
『밀림에서 가장 아름다운 표범』 구도 나오코 글 | 와다 마코토 그림 | 김보나 옮김 | 위즈덤하우스
『작은 배추』 구도 나오코 글 | 호테하마 다카시 그림 | 이기웅 옮김 | 길벗어린이
『이 세상 최고의 딸기』 하야시 기린 글 | 쇼노 나오코 그림 | 고향옥 옮김 | 길벗스쿨
『키오스크』 아네테 멜레세 글·그림 | 김서정 옮김 | 미래아이
『태어나는 법』 사이다 | 모래알

*일러두기: 이 책에 사용한 책의 서지 정보(제목, 인명)는 표지의 표기를 따랐습니다.

다음별 컬렉션 03
다시, 그림책테라피가 뭐길래

초판 1쇄 찍은날 2024년 6월 17일 | **1쇄 펴낸날** 2024년 6월 27일
오카다 다쓰노부·김보나 **지음** | 김보나 **옮김**
편집 김수현, 박사례, 이태용 | **디자인** Studio Marzan 김성미 | **제작** (주)웅진 신홍섭
펴낸곳 나는별 | **펴낸이** 김수현 | **등록번호** 제2018-000118호
주소 (우)13474 경기도 성남시 분당구 판교로210번길 14
전화 070-8849-5340 | **전자우편** flyingstarbook@naver.com | **인스타그램** @flyingstarbook
ISBN 979-11-88574-58-2 04180 | 979-11-88574-05-6(세트)

ⓒ 오카다 다쓰노부·김보나, 2024

* 이 책의 전부 또는 일부를 이용하려면 반드시 저작권자와 나는별 출판사의 서면 동의를 받아야 합니다.
* 잘못 만든 책은 구입하신 책방에서 바꾸어 드립니다. * 책값은 뒤표지에 있습니다.